安藤昌益と私

三品一博
Mishina Kazuhiro

松柏社

安藤昌益と私

目次

一章　昌益との出会い

人生には、人間との出会いがあるように、書物との出会いもある。昌益と私とのそれも、町中の、とある小さな本屋でのことであった。もう三十年程も昔のことになるが、今でもその時の情景は鮮明に記憶している。

明け方からの雪がうっすらと地表に積もり、雲の切れ間から陽光がわずかに差し始めた二月中旬の昼近くであった。大学のキャンパスを横切って表道路に出、交差点の角にある本屋に向かおうとしていた。寒かったせいで、暖かい所に身を置きたいと思ったのと、大学に立ち寄った際にはなんとはなしに顔を出す場所だったからである。

店先に客の姿はなく、ガラス越しの店内は閑散としており、店番がのんびりと新聞に眼を通しているのが見えた。私は身体を丸めるようにして店に足を踏み入れ、外気が入らないように後ろ手で戸を閉めた。と、一瞬にして暖かい空気に包まれ、たちまち吐く息の白さが消え、頬の冷たさが徐々に火照りに変わってゆくのが分かった。店番が新聞の両端を握ったまま ちらっとこちらを見て、また新聞に視線を戻した。私はコートの前ボタンを外し、店内の明るさに眼を慣らしてから、いつものように新刊書が並べられている棚に近づいた。

当時はまだ、世間が六十九年の日米安全保障条約締結反対の流れに引きずられていたせいもあって、書名には、たとえば「……革命」といったものが散見され、これに呼応するかのように表紙にも派手な色合いのものが多かった。この店にもそうした類の本が所狭しと置かれている。

私は視線を這わせるようにして背文字を順に追っていったが、その棚の半ば辺りまで来た時、薄いクリーム地に黒い帯カバーの付いたケース入りの本にふと目が留まった。いかにも地味で、他とは異なる印象を与えている。

私はこの時、とっさに葬式の際の幔幕を想像した。当然陰気な感じがする。で、次の本に視線を移そうとしたが、どういうわけか気になる。得てしてそういうものかもしれない。仕方なく手を伸ばし引き出してみた。

ケースには『渡辺大濤著、安藤昌益と自然真営道』と二行にわたって記してある。聞かない名であった。ただ私は、「……営道」という文字から土蔵の奥深く仕舞われた古書の匂いを嗅ぎ取っていた。子供の頃、薄暗い土蔵の二階に上がり古ぼけた書物を手にした時、煤《すす》けたような色合いとともに時間をたっぷり吸い込んだあの独特の匂いを思い出した。いや、もしかすると、そのとき触れた和紙製の占い本を連想していたのかもしれない。確か、その題名には「道」という文字が寄り付き難い雰囲気を漂わせて最後の方に書かれていたのを記憶している。

ケースから濃紺の表紙の本を取り出し最初のページを繰ってみると、そこに着物姿の渡辺夫妻の写真がいきなり現れた。大濤氏の方はがっちりした体格で、丸縁のメガネを掛け、口許をきっと結び白髪である。連れ合いの方は同様にメガネを掛けているが、髪は黒くやや若い印象を与える。いかにも一昔前に撮られたツーショットといった風である。背景には山を画いた屛風が写っている。

次のページを繰ると、『統道真伝』、『自然真営道』の原本という、いかにも古そうな和綴じの本の写真が現れた。机の上か何かに広げて写したものらしい。何冊かが重なり合うようにして置かれている。「道」とか「真」とかいう文字が使われていることから、教訓書の類であろうか。それとも、哲学書か。何とも堅そうな本だなと思いつつさらに次のページを繰ると、今度は『自然真営道』第一巻の白文の序が、続いて、その書き下し文が登場した。

一瞥しただけで「自然」という文字がやたらに眼に飛び込んでくる。ただ、大筋としては、全てのものが自然の法則の支配下にあるといったことが書かれていたようには思う。そして、この序文の最後には宝暦五年の日付があり、宝暦の江戸の大火という事件を知っていた私はここでやっと、安藤昌益が江戸時代中期の人であると理解したのである。

それにしても、このような著作に興味を示す渡辺大濤とはどのような人物なのであろうか。そう思いながら読み進むと、『自然真営道』の他の箇所や、昌益宛ての手紙などに続いて渡辺氏の記した序があり、末尾には昭和五年の日付を見ることができた。随分昔の著作である。とすれば、今になって改めて覆刻されたことになる。

そうした要請が多くなされたのであろうか。この序では、狩野亨吉博士と安藤昌益の著作との関わりや、この著作の不思議な運命について触れられていたのを覚えている。それから目次を一瞥し、本文の冒頭に至ると、安藤昌益の性格として次のような書き出しが眼に入って来た。

「安藤昌益は学問嫌ひの男であった。学問するから学問に囚われて自然を疎かにし、思考するから思考に誤まられて人生の進路を踏み違へる」

学問と自然が対立し合い、前者が否定的に捉えられている。学問には不可欠な思考という行為に対しても、同様に懐疑的である。

江戸時代のことであるから、この学問とは儒学のことを指すのであろうか。また、自然とは人間を取り巻く自然環境のことを指すのであろうか。机上の論理よりも経験を第一と考えていると判断してよいのだろうか。様々な疑問が頭の中を巡る。

そしてそれと同時に、私の心のどこかに、不意を突かれたという思いが湧き起こって来るのをどうしても抑えられなかった。具体的にどこがどうだと指摘できるわけではない。しかし、確かに肝心な点をぐっと突かれたような気がしたのである。

その後もこの書き出しの言葉は執拗に記憶に残り続けた。それほど強い印象を私に与えていた。何故か。今振り返ってみるに、恐らく当時の私には学問と自然の両者に対して自分なりの思い入れがあったように思われる。この点については説明が必要だが、その前提としてここで少し私の子供の頃の境遇について触れておきたい。

九歳の時に父親が事故で亡くなり、私は母の実家である祖父母のもとに引き取られることになった。まだ子供が小さく、女手一つでは食べてゆくのが困難だと判断したためであろう。中学生であった兄は転校を嫌がってそのまま残り、知り合いの家に下宿することになった。

私が連れて行かれた母親の実家は山間の盆地にある農家であった。母屋の屋根は、薄い板を順々に重ね合わせるようにして敷き詰められており、押さえとしての役目を果たすのか、一番上には石を並べて載せてあった。見たことのない造りであったから、それが私に真っ先に、これから別の家に住むんだという思いを抱かせた。

他に、牛小屋、稲架小屋、土蔵などがこの母屋を囲むようにして並んでいたが、そのいずれにも、今まで接したものとは異なる匂いが染み付いていた。牛小屋からは、床にばらまかれた藁や、餌の青草、糞などが混じり合った匂いが、稲架小屋からは、木目に入り込んだ田の土の匂いが、土蔵からは、冷んやりした空気に巣くっているあの独特の匂いが、そして母屋からは、囲炉裏の薪の焦げる匂いが漂って来ていた。

また、母屋の内の南寄りには幅一メートル程の小川が引いてあり、桶や菜っ葉などの洗い場になっていた。家の中に川が流れていること自体驚きだったが、風除け、雨除けになるので、確かに便利ではあった。川底を覗くと、時に小魚が泳いだりしていた。ただ、雨の日が続いた場合には一瞬にして水嵩が増し、流れが速まり様相が一変する。建物の横木に触れんばかりの濁り水が、すべてを呑み込むかのような勢いで下手へと突き進んでいった。

母屋の外では数羽の鶏がバタバタと羽音を立て、土煙を上げていた。そのような時、飼い猫はさっと身を隠し、少し離れた所から地面をつっついては何やら口にしている自分より背の高い彼らの姿を眺めていた。

稲架小屋に隣接する畑では様々な野菜が緑の畝をなし、その一部にはぶどう棚が設けられ、その横では、仏前などに供えるための花も育てられていた。さらに、屋敷地の周囲には青々とした水田が広がり、遠くに見える村道の辺りまでずっと切れ目なく続いていた。風が吹くと穂先が揺れ、それが風の向きに従って波を打つように伸びていく。家の中からでも風の通り道が手に取るように見えた。こうして、物珍しさも手伝い、最初の一ヵ月程は何事もなく慌ただしく過ぎていった。

だが、やがて、今までの生活のままではだめなのだと思い知らされることになる。祖父は働き者で、朝は四時前に起き、朝食の前までに草刈り、田の水見などの仕事を終える。これに対して私はサラリーマンの家庭で育ったから、学校に間に合いさえすればよいと七時頃に起きていた。ある時台所の方で、私の枕元にまで響くような大きな声がした。

「まだ寝とるのか」

それは引き取られて初めて耳にする祖父の激しい声であった。はっとすると同時に、重いものが迫って来るような感覚が身体中を駆け巡った。

「早いこと起きて仕事せにゃ。食っとるだけではだしかんぞ（だめだぞ）」

祖母との間で少し言い合いが続き、再び外に出て行く音がした。私は敷き布団の上でいつのまにか正座の姿勢になっていた。

「今日からまた生活が変わる」

身を固くして自問のように呟いた。ただ、祖父の日に焼けた厳しい表情からすれば、むしろあのような言葉が発せられるのは当然だという思いが既に心のどこかにはあった。それに物事はそんなにうまく運ばないという悲観的な、冷めた見方もいつのまにか芽生えていた。突然の父の死は間違いなくそれを証明するできごとであった。

とにもかくにも私は、以後、この家に厄介になっている者であること、もっと早く起きなければならないことをはっきりと自覚したのである。

それからはしだいに、祖父の意向に沿うような生活になっていった。学校から帰れば祖父と一緒に山へ荷車を引いて行き、薪にする雑木を積んで戻り、それを小屋の壁に積み上げてゆく。まだガスはなく燃料は薪であったから、常時補給しておくことが必要だった。

また、霜が降りそうな時は、その前に、夜中の三時頃に起きて植えたばかりのトマトの苗に藁を被せた。強く触れると折れそうな茎にそっと藁を載せていく。それは人の手が加わって初めて作物が育つことを実感させ、まるで赤子を取り扱うような気分が湧き起こって来るのであった。

先を尖らせた竹を板に一列に打ち付けた物で田の上に升目を引き、それを目印にして苗を植え付けていく田植え。なかなかまっすぐにならない畑の畝作り。手の平にまめと、指に極度の疲労を残す稲刈り。毎年毎年身体で覚えていった。こうして毎日、土と交わる生活が高校卒業まで十年近く続くことになる。

したがって、私が自然という言葉にそれなりの愛着を抱き、心惹かれたのは無理からぬことであろう。それに、都会での学生生活が余計に自然を意識させたことも否定できない。水田や畑から遠ざかり、車を利用し、アスファルト上を移動する生活の繰り返しである。土の香りも手の平のまめもすっかり懐かしいものとなってしまっていた。

また私が入学した頃の大学は学園紛争の真っただ中で、授業はほとんど行われなかった。

たとえば、授業の始まる直前、目から下を手拭いで覆ったヘルメット姿の男が息せき切って壇上に上がり、マスクをおろすような手つきでその手拭いを下にずらすと、突如機関銃のように話し始める。それは明らかに、授業に代わる意識変革のための討論集会が開始される合図であった。初めてそれを目撃した時の私は、しばらく唖然として見ているだけであった。今まで会ったことのない種類の人間に思われたのと、田舎出の私には、そのスピード感溢れる口調にとてもついてゆけそうになかったからである。

「我々はー、今ここにー、断固たる決意を表明しー、諸君の圧倒的な参加を……」

　このように文字にすると分かりやすく思えるが、初めのうちはまったく意味が掴めなかった。それどころか、分断された言葉が次々と発せられ、むしろ荒波が繰り返し繰り返し襲って来て息苦しさを覚えるような感覚であった。それに、手拭いは農作業の時に使うものという思いが私には常にあった。それは汗を拭いたり、強い陽射しを防いだりするための必需品であり、たいてい首の回りにあって、時に涼しい風が吹けば腰にぶら下げるものである。こうこうと照らす蛍光灯と背後の黒板とを見ながら、私は奇異な感じを同時に受けていた。

　こうした状態は夏期休暇直前まで続き、その後各建物のバリケード封鎖へと拡大し、翌年の入試直前の封鎖解除という流れになっていく。私の在学四年間はほぼこんな状態であったと言っていい。したがって、学問という言葉に対しても、触れ得る機会が少なかったという意味で、逆に強く意識が働いたように思う。

　それに、私が大学に入る時までに、母の弟、祖母、祖父が亡くなっていた。身近な人の死は、悲しみや恐れと共に、葬式会場に張られるあの幔幕に対する嫌悪感をも生んでいた。あの黒を基調とする模様に出くわすと決まって身構えてしまうのである。『安藤昌益と自然真営道』の黒い帯カバーもまた、この本を手にする大きな切っ掛けとなった。

このように昌益と私との出会いには、幾つもの伏線が敷かれていた。もし父が亡くならなければ、祖父の家が農家でなければ、多くの身近な人の死がなければ、学園紛争がなければ、恐らくこの出会いはなかったに相違ない。それにしても、三十年近く経った今になっても関わりを持ち続けるとは、よくよくの縁であろう。町中の小さな本屋に置かれた一冊の書物。目に見えぬ深遠な配慮がなされたと言うべきであろうか。

二章　大学院進学

　私は卒業の年の九月に試験を受けて、翌年大学院に進学した。せっかく大学に在籍しながら学問に触れる機会が少なかったことに対する無念、この四年間がアルバイトに精を出しただけで終わってしまうという焦燥感、安藤昌益に接してその思想内容をもっと知りたいという思いが日増しに膨らんできて、学問への欲求を抑えることができなくなったのである。大学院の学費が驚くほど安く、自活しながら研究を進められるだろうという思いもあった。法学研究科で政治学を専攻し、昌益を政治思想の側面から研究することに決めた。

　さて、学部の授業に比較して、大学院のそれは特筆ものであった。なぜなら、院生全体の数が少なかったせいもあって、一つの講義につき多いもので五人、少ないものは二人程度の受講生しかいないという状態だったからである。マンツーマンに近い形で教えられ、また質問ができ、先生の人柄にもじかに触れることができた。雲泥の差というのはこういうことを言うのであろう。学部の授業とはまるで別世界であった。たとえば、W先生の場合はこうである。

講義は四時間から五時間ぶっ通しで行われる。前半は原書の講読に当てられ、各自が担当箇所を訳し、次いで先生が不十分な所を指摘し訂正していかれる。その際、文章の流れを掴み取ることが肝心なのだと繰り返された。なるほど、流れを掴めば文章の内容は勿論、作者の主張の微妙なニュアンスにも目が届くようになるのである。

「で、ここの所はどういうことかね」

しっかり理解できているかどうかは、この問いに答えられるか否かで分かる。自分の言葉で砕いて説明しなくてはならない。先生は一回の講義に何度かこの問いを発せられた。その都度、研究室内には緊張感が走った。誤っていれば、次のような教えが容赦なく飛んで来る。

「辞書をもっと引かなくちゃ。同じ単語が使われていても意味は違うんだよ」

つまり、言葉の意味には幅があるが、この場合も、文章の流れをしっかり掴みさえすればその意味を絞ることができるということだ。したがって時には、辞書にはない訳が示されることもあった。だが不思議なことに、むしろその方がぴったりと文脈に当てはまってしまうのである。

こうして、タバコの煙の漂う中、二時間、三時間はあっという間に過ぎ去っていく。やがて切りのいい所まで来ると、その場の雰囲気を察して、

「この辺でだべろうや」

と先生の声が入る。あたかも拍子木の態である。そして雑談らしきものが始まるのだが、私は最初この声を聞いた時、今日の講義はここまでと理解した。ところが、その雑談らしきものを聞いているうちに、実は「だべる」には深い意味があることが分かってきた。つまり、訳し終えた内容についての問題点、今までに学んだこととの比較、あるいはもっと素朴な疑問など、自分自身のもっとも気にかかる点について「だべる」のである。これはしっかりした問題意識を持っているかが問われることであり、応じられるだけの知識の蓄えがあるかどうか、また、今日の講義内容がどれほど自分に影響を与えたかが問われることでもあった。

先生からは幾つかの著作が挙げられ、その内容について説明がなされていく。それは先生の気になる事柄の呈示である。先輩の院生からも活発に意見が出される。雑談の形式をとりつつも、示唆に富む話が飛び交い次第に熱を帯びてくる。私はもっぱら拝聴する役であったが、真に心に響くものをしっかり捉えることこそ学問の大前提であり、最終的には、己の生き方と対峙することであると徹底的に教えられたのである。

また、こんなこともあった。一つだけ午前十時四十分から始まるT先生の講義があった。私はずっとホテルでアルバイトを続けていて、朝七時から十時過ぎまではダイニング食堂での仕事がある。したがって、仕事の終了と同時にすぐ社員食堂に飛び込み、朝食を口にかき込んでまた飛び出し、着替えをし、近くのバス停に駆け付けて乗り込むことにしていた。ところが、計算をしてみると、大学に着くのは十時五十分頃になってしまいどう考えても遅刻は避けられないのである。

ただ、どうしても受講したい講義の一つであり、色々と悩んだ末、「十分程の遅刻なら許してもらえるかもしれない」と、結局自分にとって都合の良い結論を引き出した。若さゆえか、楽天的と言うのか、呆れた話である。しかし、冷静に考えてみればこれでは済まされない訳で、失礼なことだという気持ちが徐々に心に重く伸し掛かって来る。何しろ相手は著名な大先生である。最初の講義の日、大学に向かうバスの中で、

「今日は着替えも食事も急いだつもりだ。何とか間に合わないだろうか」

と淡い期待を抱きつつ何度も腕時計に眼を遣る始末だった。途中赤信号で停車したりすると無性に時間が長く感じられ、一層圧迫感が押し寄せて来るのだった。

果たして、大学最寄りのバス停には二、三分早く着いただけで、やはり最初の講義から遅刻という結果になってしまった。バス停から小走りに歩きながら、

「何と説明したら良いのだろうか。遅刻が予想されるのに登録したのは私の手落ちである。だが、受講したい講義であった」

と、食事をしたばかりの胃の張りを押さえつつ頭の中では同じ問い掛けが何度も駆け巡っていた。そのうち自然と駆け足に変わり、そのまま建物に飛び込み、やっとの思いで息を整えながら研究室の前に立ち、それから恐る恐る戸をノックした。

乾いた音がし、次いで「はい」という声が即座に返って来たが、それは審問の合図のように重々しく耳に響いた。伏し目がちな姿勢を取りながら足を踏み入れると、ちょうど先生ともう一人の院生とが何かを話し合っていたところのようで、会話が遮断された気配が残っていた。さらに二、三歩前に進み出ると、先生はじっと見上げて、

「遅かったですね」

と再び響くような調子で言われた。背筋をぴんと伸ばし髭を蓄えた風貌は毅然とした印象を与え、私はどぎまぎして思わず一礼し、しどろもどろになりながら事情を説明し始めた。もっぱらアルバイトの時間のことについて話したように思うが、自分では遅れた理由を必死に説明しているつもりであった。その間先生は静かに聞いておられたが、応答はなく、私の話が一段落すると、

「では、始めましょう」

と前を向き、本に手を置かれた。

「要領を得なかったのだろうか」

私は肩透かしを食ったような気分になった。何の質問も、批判もないのが不思議であり、不安だったのである。何となくしっくりこないまま空いた席に座り、カバンから前もって指定されていた本を取り出し目の前に開いた。

「ひょっとすると気分を害されたのでは。かといって、これ以上早く来ることは無理だし、仕事をやめる

わけにもいかないし……」

緊張しながら解説される箇所の文字を目で追っていたが、頭の中では、「来週はどうしようか」という心配が繰り返し繰り返し浮かんで来るのであった。

次の週もやはり遅刻となった。迷惑を掛けるのであれば辞退するのがいいだろう。先週の講義の終了時には、

「私は午後一時からは別の仕事がありますから」

と付け加えられた。それに時間に厳格な方であることも聞かされていた。

「また別の機会に登録し直すことにしよう。アルバイトをやめられないことをもう一度説明すれば分かってもらえるのでは。そうすれば気分を害されることもないだろう」

走って来て乱れた息を整えてから、私は意を決して、しかし恐る恐るドアのノブを握った。ところが、戸を閉め、振り向き、口を開こうとした時、思いがけず、

「では、始めましょう」

と先週と同じ言葉が先生の口から発せられたのである。私はとっさのことに言葉を失い、慌てて席に着き、その勢いで本を取り出してしまった。胸の高鳴りが分かる。が、状況はすぐに呑み込めた。

「待っていてもらったのだ」

講義も先週と同じペースで進み始めた。緊張が少しほぐれ、走って来たこともあって喉の渇きを覚えた。

その時、めいめいの前にお茶の入った湯飲みが置かれていることに気づいたので、私は音を立てないようにそっと口に持っていった。そしてひとくち口に含んだ時、私は「はっと」した。お茶はまだ十分熱く飲み頃だったからである。この状態は最終の日までまるで決められたかのごとく続いた。

こうした魅力的な講義を受けながら、一方で私は、安藤昌益関係の文献に片っ端から目を通していった。他大学の図書館や研究所などへも問い合わせ、訪れ、走り回ったことを覚えている。

当時（一九七四年）私が理解していた範囲内で、まず、昌益の生涯について簡単に列挙してみよう。


元禄十六年（一七〇三年）―昌益誕生。

延享元年（一七四四年）―八戸の町医師として、遠野南部氏から派遣された射手三名を治療する。

延享二年（一七四五年）―八戸藩家老中里清右衛門に投薬。

延享三年（一七四六年）―宗門改帳に八戸城下十三日町居住の記載あり。

宝暦二年（一七五二年）―『統道真伝』執筆中。

宝暦三年（一七五三年）―京都の小川源兵衛から刊本『自然真営道』発行。

宝暦五年（一七五五年）―稿本『自然真営道』の序文を執筆。

宝暦八年（一七五八年）頃―現在の秋田県大館市二井田《にいだ》に移住する。

宝暦十二年（一七六二年）―昌益病没。

この年表を一瞥して分かることは、昌益の前半生が殆んど不明だという点である。四十歳代になってふいにその姿を現すといった風である。実は、晩年の二井田移住についても、この年（一九七四年）に初めて判明した事柄である。謎の多い人物と言われる所以である。したがってそれまでの昌益研究は、もっぱら比較的消息の確かな八戸時代の活動に焦点が向けられて来たと言っていい。

で、医者としての昌益だが、十三日町という城下町の一等地に住み、町医者にもかかわらず、八戸藩家老の治療にも関係し、また後に、八戸藩御側医となる神山仙庵を弟子としていたことなどを考慮すれば、相当評判が高かったことを示している。この八戸に来る以前にかなりの医学修業を積んだことが当然推測されるだろう。

そして注目すべきは、彼の著作の執筆時期についてである。『統道真伝』五巻五冊、刊本『自然真営道』三巻三冊、稿本『自然真営道』百一巻九十三冊という膨大な量が四十代後半から五十代の時期にまとめて書かれているのである。勿論それなりの下準備はなされていただろうが、この集中力はすさまじいの一言に尽きる。高弟の神山仙庵（仙確）はこの時の師の姿についてこう表現している。

「身ヲ忘レテ転下・妄失ノ病苦・非命ニシテ死セル者ノ為ニ神ヲ投ジテ、以テ自然ノ真営道ヲ見ハス」（刊本『自然真営道』）。

——昌益先生は寝食を忘れ、世の誤りによって病み、苦しみ、もがき死んでいった者のために全精力を注ぎ、自然の営みの本当の姿をお示しになったのである——。

夜を徹して、蝋燭の明かりのもとでひたすら執筆に励む昌益の姿が眼に浮かぶ。鬼気迫るといった様である。物を書きつつ思想的変革も次々と成し遂げていく。昌益の視線はますます研ぎ澄まされ、一段と深く物を捉えるようになっていった。

もう一点、二井田移住についてである。昌益の実家に後継ぎがないということで移ったのだが、二井田は八戸と異なり全くの農村地帯である。つまり、農業を重視し、これに携わる農民を天子と捉える昌益にとって、二井田は己の思想の実践の場でもあった。事実、この地で彼は様々な行事を中止に追いやっている。たとえば、二井田の神事を取り仕切っていた社司聖道院が書いた手記にはこうある。

「近年昌益当所へ罷り出、五年之間ニ、家毎《ごと》之、日待・月待・弊白《へいはく》・神事・祭礼等も一切不信心ニ而相止、……」（『掠職《かすみしょく》手記』）。

昌益が二井田にやって来て五年の間に、様々な村内の行事を中止に追いやったとある。日待、月待は当番の家に人々が集まり、日の出や月の出を待って拝む行事であり、幣白は神前に供える供物のことであるから、言い換えれば、宗教的行事全般をやめさせたということになろう。掠職側からすればゆゆしき事態である。

昌益は一七六二年十月十四日（旧暦）に死去するが、翌々年二井田の門人たちは「守農大神」の石碑を建立し、次いで昌益の三回忌法要を、敢えて魚物の法事料理によって執り行った。これらのことは、昌益の教えが村内に浸透し、その死後も脈脈と生き続けていたことを示している。

また、昌益の実家である孫左衛門家は長百姓並《おとな》の家柄であったから、村内での地位も高かったはずである。二井田の門人には、一関重兵衛、安達清左衛門などの長百姓も含まれており、寄り合いでの昌益の主張は重みのあるものとして受け取られたであろう。それに、昌益は医者である。診察を施しながら、村人とはたとえば次のような会話も交わされたに違いない。

「本堂の屋根の葺き替えが始まったそうじゃな」

「へえ、六十年ぶりとかで」

「大変なお金がかかるようじゃの」

「そりゃあ、何と言っても大きな建物でございますから。私めも割り当て分を献上致しました」

患者の男は多少誇らしげな表情を見せて言う。昌益は頷いてみせてから、

「それで困っている者もあるとか聞いておるが」

「中にはそういう方もあろうかと思いますが、なにせお寺様のことでございますから。善根を積めば死後も安心ということで」

　男はありがたいという風に頭を下げ、眼を伏せる。

「昨日、この間の大水で決壊した堤の方はどうなっているかと見に行ったが、まだ一向に修復しておらん。工事費が足らず中断しておるとかだ。しかし、もう一度大水があればあの辺り一帯は家と言わず、田と言わず、大変なことになろうに」

「そう、そう、それがございましたな」

「これ以上田に土砂が流れ込んではしばらく米はできぬ。米ができねば皆が困る。人は食わねば死ぬる者だからの」

「さようで」

「わしは思うのだが、本堂の葺き替えは後にして堤の方を先にするべきだとな。雨漏りなど我慢できる。だが、田の場合には取り返しのつかぬことになるからの」

「はあ」

「そうすれば、堤の工事費などすぐにでもできるはずだ」

「それはそうでございますが」

　男には、寺と堤とは別物だという思いがあるようだ。

「寺は人を救うためにあるものだ。極楽往生も大事だ。だが、この現世だって大事なはずだ。皆が困っておれば自らは堪えて周囲に眼を向ける。それが第一の心掛け。堤を修復して田を整える。実りを得ればまたお布施として寺にも巡って来よう。坊さんだって食えねば生きてはいけまいからの」

「そうでございますな。そんな立派なお方がおいででしたら」

こうして昌益の教えは二井田村の人々の意識を変え、その影響はもっとも地域に密着していたと思われる神事にまで及んだ。実際、当時の二井田村は、打ち続く不作、凶作に喘いでいた。藩への上納は重荷となり、中には潰れ、逃散した家も生じていた。これでは、さらに農民に負担を強いる神事など、躊躇せざるを得なかったであろう。ただ、連綿として続いてきた慣例に異を唱えるのはなかなか容易なことではない。それをやってのけた昌益の感化力は、やはりきわめて強いものだったと言えるのではないか。

こう考えると今、私にはどうしても浮かんでくる一つの情景がある。それは常会である。常会というのは集落で行われる月一回の定例会のことである。父が亡くなり、九歳で母方の実家に引き取られて間もない頃、紹介の意味もあったのであろう、私はこの常会に連れて行かれたことがある。場所は地区の公民館で、その時の会合の始まるまでの様子は幼心に忘れ得ない印象を与えた。まず、区長や役職者などのリーダーたちが一番上座に座る。そしてその隣から年配の男たちが順々に席を占めていく。

ただ、この座り方にも順番が決められており、後になって知ったことであるが、つまり、先祖が武士出身であるとか本家と呼ばれる人たちとかは暗黙のうちに上座に近い方に座るのである。

そして男性が座り終えると、それに続いて下座の方へと女性が並んでいく。まるで畳の黒い縁が、階層を示す境目か何かのように迫って来る。この整然とした人の動きに私は何人にも動かすことのできない鉛のような重さを感じた。それは、皆が代々守ってきた伝統の重しとでも言うものであったろうか。

以上のことは、昭和三十年代にも引き続き守られていた一農村の慣習である。私はこのことを思い浮かべ、もっと強い重しで縛られていたであろう江戸中期の東北で、昌益によって引き起こされた村の変革に改めて驚かざるを得ないのである。

ところで、昌益の活躍した時期は、江戸時代全体の中ではどう位置づけられるのか。この点に触れておいた方がより分かり易いであろう。先に挙げた年譜と重なる部分のできごとを少し列挙してみよう。


元禄十五年（一七〇二年）―赤穂浪士討ち入り。

宝永三年（一七〇六年）―銀分を半分に減らした新銀貨を鋳造・発行。

宝永六年（一七〇九年）―新井白石の登用。

享保元年（一七一六年）―吉宗が将軍となり、享保の改革が開始。

質素・倹約の奨励。

新田開発の推進。

百姓一揆の増大。

延享二年（一七四五年）―吉宗引退。

寛延三年（一七五〇年）―百姓の徒党、強訴、逃散の厳禁を布告。

宝暦五年（一七五五年）―奥羽地方、冷害のために大飢饉。餓死者や打ち壊しが多数発生。

宝暦八年（一七五八年）―尊王論を説いた竹内式部と賛同者の若手公卿たちを処罰。

宝暦十二年（一七六二年）―農民の取り締まりをさらに強化する弾圧令を発布。


関ケ原の合戦から百年以上が経過し、太平の世を謳歌していた人々の上に降って湧いた赤穂浪士事件。やんやと喝采を浴びせる群衆の背後では、確実に時代が変わりつつあった。商品貨幣経済の浸透により、年貢米からの収入が増えないのに対し支出は増大し、既に幕藩財政は赤字に陥っていた。貨幣の改鋳や、引き締めを図った白石の登場では間に合わず、大規模な改革に着手せざるを得なくなる。

吉宗は様々な施策を行ったが、突き詰めればそれは支出の抑制、収入の増加という点に集約された。後者では、参勤交代の江戸在府期間の短縮を呈示して諸大名に上げ米を命じたり、定免法《じょうめんほう》という平均貢租率の採用によって実質的な引き上げを画策したり、大規模な新田開発を行ったりという形をとって現れた。特にこの新田開発では、耕地の急激な拡大により、利水の面で不安を内包したことを付け加えておかなくてはならない。と言うのも、わずかな天候不良で忽ちにして水不足を発生させ、逆に凶作を引き起こすことなったからである。

一方、こうした増収政策に対して、負担の増した農民たちは、幕領・藩領を問わず一揆という形で対抗する。吉宗が将軍となった享保元年（一七一六年）から引退した延享年間（一七四四―四八年）までに、全国で約三四〇件もの一揆が発生している（青木虹二編『百姓一揆総合年表』）。一時は成功したかに見えた享保の改革も次第に勢いを無くし、事態はさらに悪化し、取り締まりは一層厳しさを増していく。そして、幕藩体制そのものに疑義を抱く思想さえ胎動し始めていた。寛延元年（一七四八年）から宝暦十三年（一七六三年）までの十五年間に一揆の数は約二二〇件と激増している（同前）。

以上、負の側面を強調した嫌いはあるが、無論、こうした流れについては別の角度からの捉え方もありうる。たとえば、大規模な新田開発が行われたのは、それを可能にするだけの資本が蓄積されていたという側面である。大商人が請け負って開発した多くの新田などはその良い例であろう。

また、廻船業や鉱山開発、森林の伐採や製塩業や運送業、織物業や鉄農具の金物産業などが次々と各地に起こっている。これらには大百姓たちの資本が注ぎ込まれ、周辺の農民たちの中には、これに携わることによって金銭を稼ぐ者が出るようになる。

言い換えれば、重商主義的な様相を帯び始めた時代と捉えることもできる訳である。ただ、汗をかいて働く農民こそが人間としてもっとも尊い姿だとする昌益の視点からすれば、金銭獲得の流れの中に巻き込まれてゆく様は、堕落であり、延いては彼ら自身の身体も脆弱となり、やがて行き詰まるのは必至な状況と映った。

いずれにしても昌益は、幕藩体制が揺らぎ始めた時期に生きた人物であることは明らかである。至る所で様々な矛盾が生じ、既成の教義との間にも齟齬が生じ、疑義が拡大し、新しい思想が用意されざるを得なくなる。特に気候の厳しい東北の地にあって、より強い影響を受ける農作物を前にして、彼の研ぎ澄まされた視線は既に、天明・天保の飢饉の悲惨な状況をも見通していたと言えようか。

昌益の主要著作としては、①『統道真伝』五巻五冊、②刊本『自然真営道』三巻三冊、③稿本『自然真営道』百一巻九十三冊の三つが挙げられるが、このうち②だけが出版され、巻三（第三巻）の末尾に書林として江戸の松葉清兵衛、京都の小川源兵衛の名前が載っている。他の①と③は手書きの稿本・写本で、公刊はされていない。そして、①と②は現存しているが、③については、百一巻九十三冊のうち十六巻十六冊しか残っていない。先に挙げた渡辺大濤著『安藤昌益と自然真営道』にこの間の事情が説明されているので触れておきたい。

狩野亨吉氏が③を手に入れたのは明治三十二年頃であったという（一巻一冊が欠本）。最初この書物は東京の北部、北千住に住んでいた橋本律藏氏の蔵書であったが、同氏の死後売りに出され、回り回って狩野氏の手に渡ったのである。そして読み進めるうちに、この書の内容に驚嘆し、特筆すべき思想家であると評価するようになった。そこで著者のことが気になり、様々な方面に当たってみたが判然としなかったようだ。

そのうち、狩野氏と稿本『自然真営道』のことは人の耳にも入るようになる。大正六年に全国中学校長会議が開かれ、その折、東京帝国大学文科でこれらの校長等を招待したが、以前第一高等学校の校長や京都帝国大学文科大学長を勤めた狩野氏も招かれるということがあった。

その席上、この『自然真営道』のことが話題になり、出席者の狩野氏が質問に受け答えなどをされた。このことが切っ掛けとなってその後大正十二年の春、貴重な書籍ということで吉野作造氏の計らいで東京帝国大学図書館に売却されたのである。

ところが、この年の九月一日に関東大震災が突如発生する。その結果、これらの書籍がすべて焼失してしまうことになる。何という巡り合わせか。

ただ後になって、図書館の所蔵となる前に、同大学史料編纂掛長三上参次博士に十二冊が貸し出されていたことが判明する。この中には、全体の構成が分かる総目録や昌益思想の最終到達点を表す「大序巻」、昌益自身が「真営道書中、眼燈此ノ巻ナリ」と注記している「良演哲論巻」が含まれており不幸中の幸いであった。そして震災の翌年には、またまた狩野氏の手に「真道人相巻」三巻の写本が渡り、これらと八戸で発見された「神書巻」とで十六巻十六冊が現存するということになったのである。

実は狩野氏のもとには、①や②も吸い寄せられるがごとく集まってきており、それに、昌益と狩野氏の二人が共に現在の秋田県大館市出身であったことを思うと、何とも不思議な縁を感じざるを得ない。

このようにして、昌益の周辺で回読され、その後秘蔵されてきた書籍が、明治末期になってようやく日の目を見ることになる。農民を天子と唱える思想内容だけに、江戸幕藩体制の下では、医学中心に記述された②以外公にすることは困難であったろう。

明治四十一年、狩野亨吉の談話をまとめて『日本平民新聞』に、「百五十年前の無政府主義者――安藤昌益」のタイトル記事が載り、昭和三年に発表された論文「安藤昌益」では、狩野氏は昌益の理想社会のイメージを「農本共産主義」と規定している。

この流れを受けて昌益には、「革命思想家」、「唯物論者」などといった名称が与えられることになる。だが、当時は天皇制の支配下であったから、やはり広範に知られるというわけにはいかなかった。狩野氏自身、「農民の世」への変革の道筋を明示することをためらっているが、これを「かんじんなところ」として、秋田生まれの青江瞬二郎は次のように述べている。

「亨吉の〝安藤昌益〟にはもっともかんじんなところが一か所ぼやかされている。それは当時の〝特高〟と、それより力があった軍部の番犬憲兵を刺激しないためであったと考えてまちがいないだろう」(『狩野亨吉の生涯』)。

したがって、昌益がより広く知られるようになるのは第二次大戦後のことである。特に、駐日カナダ代表部主席であったハーバート・ノーマンの『忘れられた思想家――安藤昌益のこと』は大きな役割を果たした。彼の学問の広さ、巧みな文章表現と相まって、昌益は封建社会に対する先駆的な批判者として注目され、称賛されるようになる。「数百年の封建時代が日本にはあったのであるから、そのあいだに専制権力と抑圧にたいする反抗を擁護するような思想があったことを示す、強い感銘を与える証拠が何かありはしなかったか」（前書）というノーマン氏の想いと、戦後の解放された人々の想いとが共振し合ったのであろう。その結果、昌益は「忘れられた思想家」から、「いわば知られすぎた思想家とでもいうべき存在に変身した」（野口武彦『安藤昌益』）のである。

この後、数多くの研究論文が発表されたが、昭和五十七年からは安藤昌益研究会編『安藤昌益全集』が発刊され始め、昭和六十一年に完結する。昌益に関する資料が、原本の復刻も含めて編纂されたことは大変重要である。今後の昌益研究に大きな弾みをつけることとなろう。

ところで、私が大学院に入って修士論文の準備をしていた頃は、まだ安藤昌益の全集と呼べるものはなく、色々な所から寄せ集めて来ては揃えるというような状況であった。随分時間を費やしたことを覚えている。それでも何とか読み込んで、昌益の思想を二点にまとめることができた。一つは「直耕《ちょっこう》」、もう一つは「補完」の論理である。共に昌益の独創性を表す重要なものだが、これらに触れる前に、最初に挙げた①、②、③の著作についてもう少し説明を加えておこう。

①の『統道真伝』は「糺聖失巻」「糺仏失巻」「人倫巻」「禽獣巻」「万国巻」の五巻の構成で（但し、最

初の二巻は一つにまとめてもよい内容である）、順次記すと次のようになる。

「糺聖失巻」―聖人の失《あやま》りを糺《ただ》す巻という意味で、聖人には、神農や黄帝、周公や孔子など中国古代の十一人が挙げられる。だが突き詰めていくと、昌益の言う聖人とは、権力の遂行者、支配者を指すことが分かってくる。聖人は自らは働かず、農民の汗によって生み出された作物を貪り、のうのうとしてふんぞり返っている。こうした立場を正当化するために、数々の教えや制度を作り上げた。五常（仁・義・礼・智・信）然り、五倫（君臣の義・父子の親・夫婦の別・兄弟の序・朋友の信）然り、四民の制（士・農・工・商）然りである。たとえば「仁＝仁《めぐ》む」という教えの場合、税がわずかでも軽減されると、「お仁《めぐ》みをいただいた。ありがたいことじゃ」と農民の口からはすぐさまこんな台詞がついて出る。すると、歩調を合わせるかのように農民の怒りはあっという間に収まり、むしろ支配者に対して敬慕の情を懐くまでに変化してしまうのである。これではいつまでたっても本質は見えず、事態はそのまま推移していくだけであろう。「仁」とはまさに、農民を誑《たぶら》かす甘言の最たるものなのである。聖人の第一の教えである「仁」が誤りである以上、他のすべても推して知るべし。このように、封建教学の欺瞞性を暴き、その具体的な表れである制度とこれに乗っかっている支配層を厳しく批判することに力点が置かれている。

「糺仏失巻」―仏教の失《あやま》りを糺《ただ》すという宗教批判の巻である。

批判は二点にまとめられる。自ら汗して働かず、食料を生産しない寄生性と、独身主義の反自然性である。前者の場合たとえば、信徒の農民が神妙な面持ちで御布施を差し出すと、

「これは、これは尊いことじゃ。きっと阿弥陀様のお慈悲がござろう。拙僧も心を込めて経をあげ申した。これで間違いなく成仏して極楽に参れよう」

と返しがある。少し気取って笑みを含んだ僧の表情が自然と思い浮かぶであろう。昌益もこうした光景を幾度となく目撃し、その都度心の中では怒りが込み上げて来たに違いない。自らは耕さずして農民の布施（慈悲）を受け、教えを垂れるとは逆様ではないか。

だが、これは農民の方に何の咎もないということではない。慈悲は与える者にしても与えられる者にしても共に私欲をその底に隠し持つゆえに拒否されなければならないのだ。一方では貪り食うことを、他方では極楽浄土に行くことを願っているからである。つまり、慈悲という教えは、人間の自立的な生き方を破壊するものだと昌益は見抜いたのである。

人は穀物の精を得て生き、働き、穀物の精が去って死んだとしても、一時休息し、再び穀物の精を得て生まれて来る。自然の働きの中に仏教などのごまかしは必要ない。これが昌益の主張である。

後者の場合、昌益は「男女」と書いて「ひと」と読ませ、男女が助け合い、子を育て、生活していくのを真の生き方と捉えたから、当然批判の対象とされた。そもそも人というのは、男女から成り、互いに引

かれ合うのが自然なのである。恋愛や性愛は素晴らしきもの。この結果営まれる厳粛な一夫一婦制こそ、昌益の強調するところであった。

それに、仏教の禁欲には女性蔑視が含まれており、女性を汚れたものとして捉える姿勢がある。まさに生理的な差別である。対等な男女にしてはじめて一人であるとする昌益の立場からは、これは許し難い、欺瞞に満ちたものであった。

「人倫巻」―人体の内蔵諸器官の働き、人間の誕生する仕組みとその過程、様々な病症、経絡論などが述べられた医学理論の巻である。そして、既成の医学理論が批判される。

たとえば、既成の医学理論では内蔵を「蔵府」と名付け、「府」は気血が集まる所、「蔵」は精神を納める所と説明するが、これに対して昌益は、集まるのではなく巡るのであり、納めるのではなく宿るのだとして「気」の全体の働きを重視する。あるいは、「心包」、「三焦」などは観念的なものとして否定し、内蔵器官に君臣の区別を設け、優劣を付与することも当然批判する。

また、拙い知識しか持ち合わせていない産婆に出産を任せ、その結果、母子共に死に至らしめている当時の医学状況をも断罪する。特に人間誕生に関わる産科は昌益のもっとも力を注いだところで、彼がこの巻で、米粒中に胎児の姿を描いた図を呈示しているのはきわめて象徴的である。

昌益によれば、米を食すれば人の精力は盛んになり、盛んになればよく耕すことが可能となり、この結果より多くの米を収穫することができるようになる。さらに米を食し精力が一層高まれば子が生じ、生まれたその子も同様に米を食すことによって立派な身体に成長し、耕し、子を生じていく。

つまり、米の中には人の命を支える穀精があり、これが働いて人間を形成していくと主張するのである。言い換えれば、米を作り出す「耕し」（直耕）こそが肝要であり、直耕によって内臓の諸器官は勢いを得、その結果「気」は活発に全身を巡り出す。身体は強健となり、健康な子を生むということだ。

このことに触れない既成の医学はまやかしであり、むやみに薬剤を調合することによって身体を蝕み、むしろ殺人を犯していることになる。このように昌益の医学は、各人の持つ生命力を支え、強化することを第一に考える。

薬などはあくまで補助的手段に過ぎない。よく効くとして、高く売りつけることなどもってのほかである。人と人とが誠実に繋がり合い、連綿として生きていく様こそ人間の基本であり、医学もこれを土台として初めて成立する。そこで昌益は、自らの医学理論を主張する巻を「人倫巻」と名付けたのである。

「禽獣巻」――人智のこと、あるいは顔面のこと、幽霊に関わる仏教のこと、儒教批判、潮の干満のことなどの記述が混じり合っていて、全てが禽獣についてというわけではない。そこで、昌益の死後、誰かが内容をよく吟味しないでまとめたのではないかという推測も出されるわけである。だが、内容を比較検討してみれば、動物界のことが中心になっているのは間違いなく、概ね「運気論」と「禽獣論」の二つから成ると判断してよい。

まず「運気論」。五行（木、火、金、水、土）のそれぞれの進退運動により十気が生じる。「木」が進んで風の気が起こり、止めば穏やかになり、穏やかになれば次第に暑くなって蒸す気が生じ（「火」）、蒸せば雲が湧いて雨が降る。「金」が進んで乾燥し、退いて清涼の気となり、「水」が進んで寒冷となり、退いてやがて朽ちて湿潤な状態になる。「土」は「木」「火」「金」「水」の進退運動から生じる八気を次々と変革させ働かせる、革気と就気の役目を果たす。これに対して既成の運気論は、「火」を君火、相火に分けて差別を設けたり、「土」は中立的な立場にあるのに陰気に偏らせていると批判する。

さらに、この十気を内包した「気」が、上から下への「通《つう》」、横に向かう「横《おう》」、下から上への「逆《ぎゃく》」の三通りの運回を行う。通気により天が生じ、横気により海が、逆気により大地、穀物が。次いでまた、通気に巡って人間が、横気となって獣、鳥、虫、魚の類が、逆気となって草類が生じる。このようにして、五行十気と通→横→逆→通→横→逆の運回の繰り返しにより万物が形成されていくとするのである（但し、昌益思想の最終段階では、「土」が五行から外されて特定の位置を占め、四行八気となって一段と深められている）。この通、横、逆の運回論は昌益独特の捉え方であり、また、この「気」の巡りには、地域によって遅速の差があるとも主張する。これは、地域に合った暦学の必要性へと繋がっていくであろう。

次いで「禽獣論」。横気から生じた動物を鳥、獣、虫、魚の四つに分けているが、特徴的なのは、「食」と「住」という観点からも分類していることである。たとえば、馬、牛、猫、鶏などは人間と同じように穀類を食べる家畜である。だが野生動物の場合には、熊が小動物を食べ、大魚が小魚を食べるように、同類を食べ合う状態になっている。また、家畜は人家に住むが、野生動物は原野や山林を住み家とする。鳥類の場合には、人里の鳥、山鳥、水鳥などに。虫類では、人身の虫、人家の虫、山の虫、海の虫などといった風に分類している。こうした捉え方はやはり、「直耕して穀物を生み出す人間」を中心に据えることから導き出されたものと言えよう。

「万国巻」―この巻も「人倫巻」や「禽獣巻」に入れた方がよいと思われる記述が含まれ多少混乱が見られるが、概ね昌益の各国観を述べた「万国論」と、まとめとしての「運気論」から成っていると見てよい。つまり、既成教学批判を「糺聖失巻」「糺仏失巻」で行い、これに対して、本当の自然の働きはこうなのだと呈示し（運気論）、その人間へのあらわれを「人倫巻」で、動物へのあらわれを「禽獣巻」で、各国へのあらわれを「万国巻」で示し、最後に再び運気論で締めるという構成になっているのである。

ここでは巻名に従って、「万国論」に絞って触れておくことにする。

まず、昌益が取り上げている主な国々をみると次のようになる。日本国、東夷国（北海道）、朝鮮国、漢土の国（中国）、天竺国（インド）、オランダ、西戎国《さいじゅう》（チベット地方）、南蛮国（東南アジアから中東、北アフリカ、南欧辺りまで）など。昌益の海外知識としては、日本、中国、インド（天竺国）の三国世界観に、鎖国下で交易を許されていたオランダ、このオランダ船が運んで来る品々を通して知られる南蛮国が付け加えられている程度で、特に詳しいというわけではない。これらの国々についての運気論の適用を見てみると、たとえば朝鮮国では次のような記述となる。

「木発少進ノ気盛ンニ風強ク、気通初感ノ地ナリ。……初発ノ気行ナル故ニ、生ズル所ノ産物能ク気通ヲ得テ、毒物稀ニ能物多シ、中ニモ人参草ハ漢土・天竺ニ勝レテ能シ」。

——木の小進の気が盛んで風が強く、気の運回の始めに当たる地である。……初発の気の働きを受けるため、産物には気の滞りがなく、毒物は稀で有用なものが多い。薬用の草木が多く、なかでも人参は、中国やインドのものよりも優れた効能を持つ——

これに対して注目すべきは、思想や社会制度に向けられた昌益の熱っぽい視線である。この朝鮮国の産物についての記述の後は、一転強い批判内容となり、朝鮮国の人々は愚かで、でたらめな仏教や儒教にだまされ信じてしまい、自分の国だけでなく、日本にまでも伝えて共にだめな国にしてしまったと述べられる。

さらに中国の権威を怖れ、インドで起こった仏法を崇め、日本に使節を送るなど、この三国を怖れる様はまるで袋の中のネズミのようである、との比喩さえ示される。

こういった批判は他の国々にも向けられるが、ただそんな中にあって、昌益が高い評価を与えているのがオランダである。争乱と妄欲の国である日本、中国、インドに対し、オランダは無欲、無乱の国というわけである。彼が激賞する点を挙げてみると次のようになる。


一．恥を慎み、正義を守る清き国であること。

二．外からの侵略に対して団結して戦い、他国に対しては侵略しないこと。

三．国内の七国が同列で争乱がないこと。

四．造船技術が素晴らしいものであること。

五．婚姻制度が正しく、厳しく一夫一婦制が守られていること。


美化されて捉えられているのは否定できないが、たとえばそれまでの日本の歩んで来た道とは、まったく逆の状況であることは明らかである。

日本の場合はこうなる。武将間の戦いの結果たまたま徳川の世となっていること。この徳川氏と各藩とは主従の関係で縛られていること。かつては朝鮮に、現在は蝦夷地に出兵していること。遊郭を設けたり妾を置いたりして、一夫一婦制とはほど遠いこと。このギャップを見れば、理想に近い国オランダ、その国が現実にこの世に存在しているのだという昌益の一途な思いがひしひしと伝わってくる。

それにしてもこのオランダに対する評価は、「民主的」という側面に繋がるような内容を持っており、徳川封建制下であったことを考慮すると、きわめて先進的な驚くべき主張だと言えよう。昌益にとって「万国巻」は、暗闇の中に垣間見える希望の脱出口であったのかもしれない。

次は②の刊本『自然真営道』であるが、これは公刊されたものだけに、『統道真伝』の「糺聖失巻」や「糺仏失巻」のような名指しでの激しい批判は控えている。むしろ昌益の物の捉え方、言い換えれば彼の自然哲学の原理である運気論を中心にまとめられた書物と言っていい。

つまり、「気」はあくまで一気であり、陰気とか陽気とかいう区別はありえない。陰が存在して初めて陽があり、陰がなければ陽は存在しない。この逆もまた真である。生死然り、男女然り、善悪然りである。この一気が進退の自己運動をすることによって五行が、さらに十気が生まれる。そしてこの十気を内包した「気」の通、横、逆の三通りの運回によって、天、海、大地、人間、鳥、草などの万物が生じるという、先に挙げた捉え方である。

これには随分と自信があったらしく、序文で昌益は、「医業ニ限ラズ、天下ノ人、皆、此ノ書ヲ視ルベシ。所謂此ノ書ハ自然ヲ明カス」と宣言している。また高弟仙確も序文で、旧来の説の誤りを指摘した者は昌益先生ただ一人だとして、

「此ノ書ヲ視ル者、忽チ神ヲ驚カシ、伝ヘ聞ク者、胆ヲ寒《ひや》シテ、一タビハ嘲《あざけ》リ一タビハ悪《にく》ミ、之レヲ

罪センコトヲ欲センカ」。

――本書を読む者は忽ち仰天し、この内容を伝え聞くだけでも肝を冷やし、嘲笑したり憎んだり、ひいては断罪しようと意気込むであろう――。

と言い放っている。事実、この捉え方―万物を対立物の統一として捉える方法は、同時代の誰も言い得なかった先駆的なものである。この捉え方を以てすれば、封建教学の綻びがくっきりと見えてくるであろう。男尊女卑や君臣の義を始めとする五倫の教え、また士、農、工、商の四民の区別等々である。

勿論、この著作は初期のものであるから、最終的に昌益が到達した思想内容と比較すれば今一歩の観があるのは仕方がない。論理的にも十分整理されたものとは言えない。だが昌益は、明らかに区別の背後にある差別の誤りについては、この時点で鋭く見抜いていたのである。

たとえば、日々の生活を営む農民を見よ。土にまみれながら共に汗して働く男女の姿を見よ。力の差はあろうとも、どこに優劣の差など見い出せようか。一粒の籾から多くの穂を実らす稲のように、女は子を生み育てたくましく家族を支えているではないか。

男がいてこそ女があり、女がいてこそ男があるというこの人間の在り方ほど真実を指し示すものはないのだ。産科医でもあった昌益は、数多くの診察を通して、女性蔑視など根も葉もないことだと確信を得ていたのである。

こうした二別（差別）批判の考え方は、彼の心の中で揺るぎないものとしてしっかりと根を張り、これを核として、刊本『自然真営道』は執筆されたのである。

次は③の稿本『自然真営道』であるが、これについては、今まで述べてきた所と重なる部分があることや、これから先、順々と触れてゆくことになるので、ここでは残存する書物の巻名、巻数を挙げておくに留めたい。

「大序巻」、「字書巻」上（一）、「字書巻」中（二）、「字書巻」下（三）、「儒書巻」上（四）、「儒書巻」中（五）、「儒書巻」下（六）、「仏書及韻学巻」上（七）、「韻学巻」下（八）、「制法神書巻」上（九）、「制法神書巻」下（十）、「法世物語巻」（二十四）、「良演哲論巻」（二十五）、「人相視表知裏巻」上（三十五）、「人相視表知裏巻」中（三十六）、「人相視表知裏巻」下（三十七）。

そして、これら①、②、③の思想形成上の前後関係については、寺尾五郎氏の分類（「総合解説」『安藤昌益全集』第一巻所収）を引用させていただくと次のようになる。

初期（一七五〇年以前）

刊本『自然真営道』全三巻。
中期（一七五一―一七五五年）
「字書巻」上、中、下、「儒書巻」、上、中、下、「仏書及韻学巻」、「韻学巻」「制法神書巻」上、下。
『統道真伝』全五巻。
晩期（一七五六年以後）
「人相視表知裏巻」上、中、下、「法世物語巻」「良演哲論巻」。
最晩期
「大序巻」。

大部の著作であるから、当然執筆時期は多年に渡る。ただ、多年とは言っても、先に触れたように、四十代後半から五十代にかけての時期に集中して書かれており、まさに昌益はこの時期に、全精魂を注ぎ込んで必死に取り組んでいたことになる。

さて、修士論文で昌益の思想を二点にまとめた話に戻ろう。これに触れておくと、一層彼の理解が進むように思われるからである。

一．直耕

この直耕という表現を目にした方は、「奇妙な」という印象をまず抱かれるかもしれない。殊に、「耕」の文字の上に「直」の文字が置かれている様は見慣れない並びであろう。藩公などに直接訴え出る「直訴」や、師から直接奥儀を受ける「直伝」などはあっても、「直耕」という表現は昌益独特のものと推測されるからである。普通「直」の字は、熟語よりもこの文字一字で使用されることが多い。たとえば、同時代人であった石田梅岩（一六八五―一七四四年）の『都鄙問答』ではこうなっている。

「商人ハ直《スグ》ニ利ヲ取ルニ由《ヨツ》テ立ツ。直ニ利ヲ取ルハ商人ノ正直ナリ」（巻之二）。
「親ヘノ孝、君ヘノ忠、直《スグ》サマニシテ家業ヲ情《セイ》ニ入レ……」（巻之一）。

後者の「直」は正しい心持ちでという意味であるが、つまり、大きく分けて二通りの意味で使用されていることが分かる。①「ただちに」、②「そのまま、素直な」である。現在は①の意味で使われることが多いが、当時は②の意味でも度々用いられた。私は最初どちらに力点を置くかで迷い、結局、修士論文作成に当たっては①の方を採ることに決めた。人間にとって食糧が第一だとする昌益思想の分析には、「直耕」＝「ただちに耕す、直接耕す」と捉えた方が有効だと考えたからである。言わば、狭義の意味での「直耕」という視点から接近することにしたわけである。

では次に、昌益の使用例を見てみよう。

「農ハ直耕・直織・安食・安衣・無欲・無乱ニシテ自然ノ転子ナリ」（「糺聖失巻」）。
——農民とはみずから耕し、織り、食糧や衣類を得て平穏に生きる者のことで、欲とも乱とも無縁な自然の天子である——。

これは昌益が日々目撃していた大多数の農民の姿である。生活必需品はみずから働いて得るから、過剰な欲も他人の物を奪い取ろうとする乱も起こすことがない。

まさに自然の法則に溶け合った天子なのである。そして、こうした生き方は誰に教えられたものでもなく、「男ハ耕シ、女ハ織ルコト自《ヒト》リ知リテ自リ然《ス》ルコト」（「儒書巻」上）であり、人間に本来備わったものだと昌益は言う。そうでなければ人間は生きてはいけない。「穀ハ耕シニ非ザレバ成ラズ」（「大序巻」）だからである。人間が天地に働き掛けることによって、天地の方も呼応する。天地が直耕するのである。

「夫レ自然・転定ノ大道ハ、万物生生ノ直耕ト、人之レヲ継グ五穀ノ直耕ト、転人一和ノ直耕、是レ自然真ノ大道ナリ」（「糺聖失巻」）。
——そもそも天地自然における大道とは、万物を生成する天地の活動と、人間がこれを継承して穀物を生み出す活動と、この両者が一体となって行う生産活動のことを指す。これが自然における真の大道である——。

大地に光を降り注ぎ、雨を降らせ、春夏秋冬の季節を巡らせる自然の働きは、鍬を持って耕す人間の働きと連動する。ちょうど球形のボール（天地・宇宙）を指で押すと（人間の直耕）、中の空気が圧縮されてボール全体に膨張が生じるのと似ている。指の力がなければボールは変化しないし、ボールがなければ指の力は無意味である。天地・宇宙と人間との緊密な結び付きがあってこそ、食糧の生産は可能となるのである。

この両者の関係を昌益は、また次のようにも述べている。

「故ニ呼息ハ人気、吸息ハ転定ノ気ナリ。故ニ呼ハ人気ヨリ転定ニ至リ、吸ハ転定ヨリ人身ニ至リ、転定・人身ハ自然・進退ノ一気ナルコト是ノ如シ」（「人倫巻」）。

——だから吐く息は人体の気、吸う息は天地の気である。つまり、吐くことで人体の気は天地に達し、吸うことで天地の気は人体に達し、このようにして天地と人体とは自然の進退する一気なのである——。

もし人間が過剰な欲望を持って行動すれば、その時人間の吐く気は汚れたものとなる。この汚れた気は天地に至り拡散する。天地もまた汚染されるのである。

こうした状況を昌益は、飢饉の増大や金鉱山の採掘による土砂災害などに見ているが、何も江戸時代だけに具体例を求めることはなかろう。今我々が生きている現代の有様を一瞥すれば明白である。快適さや便利さを追い求め続けた結果、エネルギー消費は膨大なものとなり、二酸化炭素ガスの大量排出による地球温暖化、両極地方の融雪による海面の上昇、フロンガスによるオゾン層の破壊、毒性を持った各種の廃液による死者や奇形児の発生などをもたらしている。これらは、人間の過剰な欲望から生じた汚気が地球全体に拡散し、地球そのものを呑み込み、破滅へと追いやる過程そのものであろう。

天地・宇宙と人間とは一体である。人間の直耕こそが、言い換えれば農民の生き方こそが、万物全体の活力を得るもっとも優れたものだと昌益は考えた。こうした捉え方の背景には、己の体験、己が拠って立つところの医学、時代状況などが様々に絡み合って存在しているが、特に昌益に強い影響を与えたと思われる要因について少し見てみよう。

まず、飢饉の頻発ということが挙げられる。当時、八戸藩で発生した主なものを見てみると次のようになる。

一七四九（寛延二）年の猪飢渇《いのししけがじ》と呼ばれた飢饉には、表高二万石（内高四万石）のうち一万五千石の被害が生じ、三千人の餓死者が出た。また、一七五三（宝暦三）年の冷害時には、一万二千石の被害。一七五五（宝暦五）年の冷害時には、一万八千石の被害、餓死者は五千人を越えた。人口は五万五千人程度であったから、その悲惨さが推測できよう。

特に猪飢渇は、昌益にとって恐るべき光景であった。この地方では、換金作物となった大豆が焼畑農耕で盛んに生産されるようになっていた。数年して地力が失われると、次の耕地へと移っていく訳だが、この放棄された跡地には蕨や葛が繁殖し、これが猪の格好の食物となる。それは焼畑によって失われた木の実の代役ともなり、猪はますます異常繁殖し、食べ尽くし、終には農作物を襲うこととなる。猪狩りも行われたが、年によっては仕留められた数が数千頭にも及んでいる。

一体これはどうしたことか。獣が農作物を荒らし、人を苦境に追いやるとは。宇宙との繋がりを重視する後世家別派医学の流れに属していた昌益には、なおさら、人間を取り巻くすべてのものが狂っているように見えたことであろう。

そして、この惨憺たる光景は、彼の学んだ医学そのものに刃を突きつけた。雑草までも口にし、その毒にあたって痙攣しもがいている人々。空腹のため既に体力を消耗し、ぴくりとも動かない人々。何ら効果的な治療もなし得ない自分自身。

八戸の人々から称賛された己の医学が音を立てて崩れていく。もう一度自分の足元を見つめ直さなければならぬ。人間とは何か、医学とは何か、死とは何かを問い直さなければならぬ。

こうした体験から得た結論は、もっとも身近な身体をあらゆる物の出発点にしなければならないということであった。言い換えれば、人間は食糧を口にしなければ気が狂《ふ》れ、死に至る存在だということである。

したがって、食糧の重視→食糧を得る活動の重視→直耕という流れが昌益の中で煮詰まっていったのは自然であろう。

そして、この食糧を体内で消化するのに大きな働きを果たすのは胃である。既成の五行論では「土」を配当されていた、この胃を中心に据える新しい医学の樹立へと向かわなくてはならない。それは「土」の重視、即ち四行論への移行という動きを内包するのである。

次に、医学修業中に積み重ねてきた往診の体験も、直耕の考え方に影響を与えていることに触れておく必要がある。昌益はこう述べている。

「直耕ニ身ヲ勤メテ働ク故ニ、食傷……水腫・脹満等ノ病者モ無ク、欲心ヲ知ラザレバ、一切ノ気病者モ無ク、常ニ耕シテ身ヲ使フテ倦《う》ムコト無キ故ニ、難産ノ患ヒモ無ク、凡テ飽食・珍味・美膳・酒狂・淫欲モ無ク、不耕貪食シテ身ヲ倦マスコト無ケレバ、労症・虚病ノ者モ無ク……」(「字書巻」上)。

「水腫」とはむくみ、「脹満」とは腹の張ること、「気病」とはノイローゼ、「労症」とは過労による衰弱、「虚病」とは虚脱状態を指すと思われるが、何れにしても、直耕して身体を動かしている者は新陳代謝が活発で病気になりにくく、逆に、身体を動かさず美食、飽食などを繰り返す者は病に取り付かれると主張しているのである。

事実、日々汗を流す農民たちと、酒食に耽っている武士や町人たちとの健康状態の差は歴然としていた。食事をきちんととっているかぎり、前者は引き締まった身体を持ち、仮に病にかかったとしても発汗すれば忽ちにして回復する。これに対して、後者はぶよぶよの体つきで、内臓疾患や脳卒中などで苦しむ者が多いのである。直耕は、健康上もきわめて重要なものだと昌益は確信していたのである。

もう一点、次に挙げる時代状況も、直耕を強調する要因となっている。これは飢饉の頻発ということではなくて、農民が大多数を占める人口構成のことである。

一七四四（延享元）年の八戸藩の人口構成を見ると、総百姓、家中並寺社領百姓は総人口のおよそ九十パーセントを占めている（『岩手県史』第五巻近世編二）。また隣の南部藩の場合、凶作などで増減はあるものの、一七一〇（宝永八）―一八三八（天保九）年間のそれを見ると、百姓はだいたい八十二パーセント前後を占めている（関山直太郎『近世日本の人口構造』）。八戸藩の場合は少し割合が高いが、他の諸藩でも概ねこの数値が適用されるので、昌益の時代は、人口の八割以上を占める圧倒的な数の農民が存在していたということになる。

それだけではない。少し時代を遡れば、耕作に関わる土着の武士は多数いた。支配階層である武士が、耕作に従事することに強い抵抗があったと決めつけることはできない。現在から想像するのは難しいかもしれないが、当時直耕は、むしろ比較的現実味のある主張だったということも理解しておく必要があろう。

二．補完の論理

昌益はこれを「互性」と表記し、「性を互いにする」と捉える。互いに対立し合い、依存し合う関係を指している。たとえば、明と暗、どちらか一方だけで存在することはできない。暗というものがなければ明を意識し捉えることはできないし、この逆も真である。夜明け時、暗の部分に明が徐々に浸透してその範囲を広げていく様。逆に夕暮れ時、暗が明に浸透して徐々に人の視界を狭めていく様。共に存在してこそ初めて両者が成立する。

そして、こうした関係はすべての物に適用されると昌益は言う。生と死しかり、善と悪しかり、男と女しかり、天と地しかり。最終的には、既成の五行論を批判し四行論を唱えた彼は、これに進退の運動を付与して互性関係の説明を行う。この際、現在では使用されることは少ないが、当時は、食物の煮炊きには不可欠であった囲炉裏を例にとっている。

まず、囲炉裏に薪が焚かれ、その上に鍋が釣り下げられ、鍋ぶたの下では食物がぐつぐつと煮立っている様を想像していただきたい。もし薪（進木）の火の勢いが強すぎると鍋の中の煮水（進水）は蒸発してしまい、煮炊きができなくなる。逆に煮水が多すぎては、煮立つまでに至らず薪が燃え尽きてしまう。薪と煮水とがうまく噛み合う時に初めて、火力は煮水を適度に沸騰させることができるのである。

また、鍋ぶた（退木）がきっちり閉じていると湯気が逃げず、煮汁（退水）が十分に出て来ないため、ぐつぐつ煮立てることができない。逆に煮汁が多すぎると、鍋ぶたを浮かしてしまい落としぶたの働きができなくなる。この両者がうまく噛み合う時に初めて、煮物は煮汁に浸され、鍋ぶたによってますます柔らかくなるのである。

さらに、炎（進火）の勢いが強すぎると、鍋つる（進金）が熱くなって手に取ることができなくなる。逆に炎の勢いが弱すぎると、鍋つるは冷たいままで煮炊きは不十分である。炎が適度で鍋つるも程よく温められれば、でき上がった鍋を囲炉裏から取り上げることが可能となる。

また蒸す働き（退火）が盛んになりすぎると、鍋（退金）自体が熱くなりすぎて手に持つことができなくなる。逆に鍋自体が冷たいままなのは、蒸す働きが不十分なことを示している。共にうまく噛み合って初めて、両者はその働きを遂げることができるのである。

以上は煮炊きの場合、火力や鍋の熱さや煮汁などに注目して、この何れが欠けても成り立たないこと、その働きを十分に引き出すためには均衡状態（昌益はこれを「等対」と言う）が必要なことを指摘している。

これは八気（進木、退木、進火、退火、進金、退金、進水、退水）が表に出ている典型的な例であるが、そうでない場合、つまり伏在している時はどうか。これを顔の八器官で見てみよう。八器官とは、瞼（進木）、目玉（退木）、唇（進火）、舌（退火）、鼻（進金）、歯（退金）、耳殻（進水）、耳穴（退水）である。「真ニ語ル則ハ、七門ノ妙徳用、唇ニ伏シテ語ルノ一映《いちおう》ト成ル、是レ活真ノ語ルナリ」（「大序巻」）。

相手に向かって話しかける。最初のうちは耳は周囲の音を、眼は相手を見ているかもしれない。だが、話に夢中になれば周囲のことは忘れ、見ることすらも疎かになり、もっぱら話すことだけに神経は集中する。明らかに、進火気が表に出て残りの七気が伏在している（昌益はこれを「発見《はつげん》の互性」と言う）。そしてこの背後では、進火気と他の七気との間に等対の互性関係も成立している。

では、話に夢中になっている時に、突然女性の甲高い悲鳴が届いたとしたらどうであろう。話は中断し、今度は耳を傾け、聞くことに神経を集中させるであろう。耳殻（進水気）が表に出て他の七気が伏在することになる。

この唇の発見の互性から耳殻のそれへの移行は「土」が行うが、新たな状態に改める「革」とこの状態をバランスを保ちつつ維持しようとする「就」の文字を用いて、この働きを「革就《かくしゅう》」と名付けた。発見の互性から発見の互性への移行には革就の互性が介在することになるわけである。つまりこの世界は、等対の互性を基本に置きつつ、発見の互性、革就の互性の組み合わせにより推移していくと捉えたことが理解されるであろう。

もう一度互性論の全体像を整理してみよう。まず、「活真」（常に動いて活活《かつかつ》としている存在）という根源的な物質が存在する。これが前に進む「進」と後に退く「退」の動きをすることによって、木、火、金、水の四行を生む。つまり、小進して木、大進して火、小退して金、大退して水の四行である。具体例で示せば、春（木）、夏（火）、秋（金）、冬（水）である。

これがさらに進んだり退いたりすると、進木、退木、進火、退火、進金、退金、進水、退水の八気が生じる。同様に季節の具体例で示せば、初春、晩春、初夏、晩夏、初秋、晩秋、初冬、晩冬である。先ほど触れた顔の八器官もこの配当に従っている。

そして、春という季節を考えた場合、四行の内の木が表に出て残りの三行が伏在している状態を指し、初春という八気のレベルで捉えれば、進木が表に出て残りの七気が伏在している状態を指すことになる。これらは発見の互性関係を示しているが、その背後では、等対の互性関係も常に保たれていると捉えたのであった。

では、互いに対立し合いつつ依存し合う、どちらか一方だけでは存在することができないという視点は、一体どこから手に入れたのであろうか。もっぱら昌益の独創性とする意見もあるが、ここには、やはり確信を持たせる具体的な何かが必要である。この何かが核になってこそ、揺るぎない力強さを生むはずである。となれば、もっとも身近な身体を重視するという立場、産科医という医師の立場を踏まえて彼の著作を読むのがポイントとなろう。そうすれば、自ずと答えは引き出せるように思う。

結論を先に言おう。それは、彼の周囲で日々生活を営んでいる男と女、言い換えれば、夫婦であったと見て間違いない。特に、出産という厳粛な事実によって、彼の思想の土台には堅固な杭が打ち込まれたのである。

そもそも出産という大変な行為を成し遂げる女を男の下位に置くとは何事か。家族を永続させ、皆が力を合わせて自然に働き掛け、命を支える食糧を生産する土台となる行為。この出産という行為こそなくてはならないものなのだ。女がいてこそ、男がいてこそすべては可能となるのだ。そう昌益は確信したはずである。

彼の男女平等観は徹底している。たとえば不妊の原因が専ら女にあるとされた時代に、彼はその原因を男と女の双方に求め、月経のない女を不産女《うまずめ》、精子の不足している男を不生男《うまずお》と名付けている（「人倫巻」）。この視点は男尊女卑を説く既成の教えに当然向けられる。ここで生じる疑念は拡大し、やがて既成の教義全体のそれへと波及していく。

昌益がすごいと思われるのは、徹底してどこまでも追及していく凛とした姿勢である。彼は迷うことなく、儒教、仏教、神道、手当たりしだいに果敢に挑んでいく。これらのどこにも、はっきりと男女平等を説いたものはない。食糧を第一と説いたものもない。既成の教義はすべて誤りである。彼は互性というきわめて有力な武器を手にすることによって、霧が一斉に晴れるように、はるか彼方まで見通せるようになっていったのである。


このような昌益の思想を研究して、私の修士課程の二年間は、あっという間に過ぎ去ろうとしていた。特に、論文をまとめる二年の後半に入ってからは、大学四年間では味わえなかった学問というものの一端に、確かに触れ始めているという実感が徐々に生まれていた。これは、今までに経験したことのない喜びであった。

そうして一方では、修士論文の提出期限がどんどん迫って来ていた。それに合わせるように、睡眠時間の方がますます少なくなってゆく。それでも、高揚感に満たされ、一心不乱に原稿用紙に向かう日々の繰り返しとなっていった。

やがて、京の底冷えの季節がやって来た。ストーブが欠かせなくなる。そのせいであろう。長時間ストーブをつけた部屋で執筆していたため、目が乾燥して異様な状態になったらしい。トイレに行って戻って来る際の私を見て、隣室の人が、「なんや、その目は？」と声を掛けてきたことを覚えている。この時、とても及ぶものではないが、五十代での昌益の執筆状況がふと頭をかすめたことも記憶の片隅に残っている。兎にも角にも、苦闘の甲斐あって、提出期限の日の朝十時、私は法学部事務室に修士論文を抱えて飛び込むことができたのであった。

四章　アルバイトの日々

　年が明けて、私は法学部の事務室に呼ばれた。案内されるまま、緊張した面持ちで事務室の奥にある部屋に入って行った。中には、指導教授のW先生と左右には副査の先生が同席されており、その前のテーブルの上には、昨年十二月に提出した私の論文が置かれているのが見えた。促されて着席すると、すぐにW先生の口が開いた。

「もう一年がんばってみて下さい」

　とっさのことに私は「えっ」と声が出そうになった。ただ、状況はまだよく呑み込めていない。しばらく無言のままでいたが、続けて先生は、

「その方がいいと思いますから」

　と、左右の同意を得ながら念を押すように付け加えられた。それでやっと私は、これが既に話し合われた後での結論であることを理解したのである。

しかしすぐに、「なぜなのだろう」という疑問が湧いて来て自問が始まった。まだ内容が十分ではないということであろうか。もう少し時間を掛ければより良いものが書けるということであろうか。この論文には自分なりに読み込んだ結果を書いたつもりである。この上さらに読み込んで思索を深めてゆくような能力が私にあるだろうか。

確かに、未熟な点はいろいろあろう。資料についても不足している部分は多々あろう。だが時間を掛けたとして、果たしてこれ以上のものが書けるのかどうか。頭の中を不安が過ぎっていく。

「まあ、もう一年やってみなさい」

先生は再び念を押すような調子で言われた。部屋の背景の白い壁が眼前に迫って来た。私は言われるままに「はい」と返事をすると、論文を受け取り一礼してそこを出た。

外は小雨がぱらついていた。バスに乗る気も起こらず、濡れるにまかせて下宿の方角に向かって歩き出した。

内容については何も話されなかった。恐らく全体的にもっと深めよということであろう。もうあと一年。それまでにどう深めるのか。先程思ったことが知らず知らずのうちにまた口を突いて出て来る。論文の構成のことや文章の一節が次々と浮かんでは消えていく。

昨年提出した論文は大きく前半と後半に分かれ、前半を思想構造の分析に当て、後半で思想形成の跡を辿るという構成をとっていた。

前半では、先に触れた「直耕」と「補完の法則」について述べた。後者に関してもう少し説明を加えておくと、既成思想、たとえば支配的な封建教学であった朱子学では、「太極（理）」を中心に据えることにより各々には予め上下定分の理が付与されることになっており、そこから陰陽の気が想定され、さらに五行論が結び付いて成立していた。

そこで、二別（差別）を生むこの構造を打ち砕くために昌益は、「太極」を取り除き、代わって活活として動く「活真」を据え、次いで五行から「土」を取り外し、二別を生み出すことのない四行―八気の関係に改めたのである。陰陽に代わり、もっぱら万物を生み出すための進退運動が導入された結果、差別で固定化されていた既存秩序はその根底を大きく揺さぶられることになった。

たとえば、男女差別は勿論、四民差別（士農工商）も当然否定され、さらに現世と浄土を区分する仏教の教えも、聖人と民衆との二別の在り方も軒並み否定されたのである。

後半では、藩当局の赤字財政、商品貨幣経済の浸透、金銭に執着する武士、商人、医師の姿、飢饉の続発といった時代状況に触れ、そこから生まれた食糧重視の考え方、直耕思想への昇華、さらに、餓死者を前にして何の対応もなし得ない既成医学への不信、また己の無力さ、こうした医学を支えている背後の巨大な封建教学批判など、しだいしだいに深まってゆく昌益の思索過程を順次追った。

特に、昌益自身が携わった医学に批判の視線を向け始める段階に至ると、私はその徹底した追及の態度に感銘を受けざるを得なくなっていた。恐らく彼の視線が周辺に、あるいはその深奥へと向けられてゆくのは、具体的症状を踏まえて病因を探るという医師の手法に馴染んでいたためでもあったろう。また、清書用紙が汚れると、途中であってもすぐに新しいものに換えてしまう、あの潔癖性を彼が持ち合わせていたと思うのだが、それも追及の手を緩めぬ資質と関わりがあったかもしれない。だが、やがて、この全精力を注ぎ込んで取り組む姿勢は何にもまして彼の誠実さそのものなのだと気づかされてくるのである。

飢饉から泣き叫ぶ人々の苦しみへ、己の拠って立つ医学批判から封建教学の断罪へ。こうした視点移動の原動力は眼を背けず己を問い詰める彼の誠実さであり、こうした誠実さこそが次から次へと新しい局面との出会いをもたらし、その都度、苦しみながらも昌益自身を深めていったのであると私は教えられたのである。

足は機を織る音の響く西陣の町中を西に向かっている。二階部分を低く見せる造りの町並みが途切れることなく続いている。幅の狭い窮屈な道を、京ちりめん、何々織物と書かれた車体がかすめるようにして通って行くが、その度に身体を軒の方に寄せてはやり過ごす。中には、京都、丹波、丹後と運送ルートが書かれたものもあり、その遠ざかる車体を追いながら、私はふと昌益が生活した東北地方のことを思ってみた。

雪、方言、家の造り、祭り、木々の色、山並み。同じ雪国でも私の故郷とはまた異なっているのであろう。雪が深いぶん家の造りも頑丈にできているであろうし、冬の期間が長いぶん、うっせきしたエネルギーを発散させて祭りもより華やかなのであろう。山並みももっと雄大であるかもしれない。

同じ東北地方であっても、八戸や大館はどうであろうか。それぞれの土壌の上に他とは異なる独特の雰囲気を漂わせているのかもしれない。私は北山のはるか向こうに広がる日本海を、そして、その日本海を北上すれば辿り着けるであろう秋田や青森の地のことを思い遣った。

修士過程の二年になってからは時間のことを考慮して、アルバイト先をホテルから小料理屋に変えていた。時間給もホテルより高く、食事も付いており、何より勤務時間が夕方四時半から夜十時半までと大学院の講義に大きな影響を与えないことが魅力であった。仕事内容は食器洗いだったが、様々な器があり、不注意から割ることがないようにとそれなりの慎重さを要求された。

主人であるおかみさんは小柄で丸顔の、六十代の半ば過ぎと思われる人で、すべてに渡ってなかなかに厳しい人であった。客の前であっても従業員を叱り付けることはざらで、味付けが素早くできなかったり盛り付けがまずいと、すぐに雷が落ちた。怒られた者はその場で直立不動になり、おかみさんの、たとえば盛り付け方にじっと見入るのである。

私は新米であったから、当然恰好の標的になった。まず水の使い方が荒いと、すぐさま容赦なく注意された。

「始めからそんなん使うてたらあかんやろ。ここのもんみんな洗うてから、しまいに濯ぐんやで」

つまり、洗剤の入った水で汚れた食器をすべて洗い、それが済んでから最後に水道の新しい水を使えということである。そうすれば水の使用量はぐんと減る。私は初っぱなから有無を言わせぬ強い口調にぶつかって驚いたが、ただその叱り方にどことなくなつかしさを覚えたのも事実である。

「戸はゆっくり閉めるんやぞ。強うやったら減ってしまうでな」「八時過ぎたら電気がもったいないで、早いこと寝んとだしかんぞ」

祖父の言葉が重なって聞こえて来たのである。それに、似ているのは不思議なことにこれだけではなかった。おかみさんは祖父と同様、焼き物に大変な興味を示す人だったのである。

陶器市が開かれる時には多少遠い所であろうと決まって飛ぶように駆け付け、気に入った物が手に入るとそれはそれは上機嫌の帰還なのである。数日後、それらは披露され説明が始まる。皆は神妙な面持ちで拝聴する。

「この花柄さっぱりしてるやろ。それに横付きでな。ここらへんにこう盛り付けたらどうかいな」

皿の上に手で山の形を作ってみせ、

「多少白っぽい色合いのもんがええやろな」

と何やら品定めをする。

「これ、ちょうど底が浅うて広めでな、食べやすいやろ。こういうのがほしかったんや。今使うてんのは深うて、料理が見劣りすんのや」

と手にかざして横合いから眺め、周りの者に「どうや」と差し出し持たせてみたりするのである。おかみさんの心は明らかに弾んでおり、しだいに子供に接するような優しいまなざしになってゆく。つられて、周囲の者がほっとする表情を浮かべるのもこの時である。

こうして集められた器の中でも特に自慢なのは、淡い黄緑色の徳利であった。それは中央の棚の中ほどに二つ並んで据えられていて、お気に入りの客が顔を出すと、「それな」と合図が掛かる。そして、酒を入れ手渡すとすぐに、

「これええなあ。柔らこうてな」

とおかみさんの口からは決まってぽろりとこんな台詞が突いて出るのである。それはおかみさんの言葉の抑揚と相まって一層柔らかさを増した。

確か京都に来た当初、木々の緑の淡さと柔らかさに驚き、楓の葉を手にして私はまるで赤子の手のような感触を得たものである。これに比べ、雪国である私の田舎の木々は太陽の光を精一杯吸い込もうとして緑の色を濃くする。そこには硬さと強さとが厳として存在した。これらの違いに驚きながら私は、周囲の色合いが人にも言葉にも働き掛け、順々に染め上げていく様を想像した。

また、この徳利に限らず、いずれも淡い色彩の食器が並んだ棚を見ていると、田舎の祭りの際に使用された器のことが反射的に思い浮かぶのであった。鱒の塩焼きが紺地の皿に、海老の塩焼きが紅色の絵付け皿に、酒は緑をベースにし、朱と金に縁どられた徳利に、いずれも濃い色彩を基調としている。そこでは馴染み合うのではなく、器と料理とが互いに競い合っている印象が強かった。

この店の従業員は何人かいたが、皆常に、ピーンと張り詰めた雰囲気に身を置いていた。それは一つひとつのてきぱきした仕種からも容易に窺い知れた。勿論、おかみさんの仕事に対する厳しい態度がそうさせていたのだが、ただ、押さえ付けられているといった様子は全くなかった。それどころか誰もがおかみさんに対して好意的であった。

客の前では明るく華やかであるが、一歩離れて見てみると、非常に質素で、苦労を重ねたことがじんわりと伝わってくるような人で、何かの拍子にふとにじみ出る思い遣りが皆を包み込むからであった。

そこで働くようになってしばらくした頃、私は白衣の仕事着を取りに二階へ上がったことがある。そこはおかみさんの起居している所で、足を踏み入れた途端、一階の華やかさとは全く異なる様子に出くわし、随分と驚いたものである。

ハンガーに掛けられた非常に地味な色合いの着物。古い、所々塗りの剥げ掛かっているタンス。くすんだ壁。一瞥しただけだが、おかみさんの別の生活を知らされた思いであった。

漆が取れ、黄ばんだ地を見せているちゃぶ台が六畳間の真ん中に据えられており、それを見ていると、ちょこんと座って茶漬けをするおかみさんの姿がありありと浮かんできた。その小さな台には端の方に寄せて、急須と布巾が載せてあった。

時には、この空いた所を利用して帳簿を付けたり、あるいは裁縫の針箱を置いたりするのかもしれない。何しろこれ以外にはもう一間しか見当たらないのだから。それに、外の明かりは軒の低さによって半減し二階自体が暗く沈んでいる感じで、加えて、階段を登り切った所に釣り下げてある裸電球の光が一層深い陰影を作り出していた。この煤《すす》けたような薄暗さは、私に囲炉裏を囲み膳に向かって食事を摂った、祖父母に引き取られてからのことを思い出させた。

また、客足が途切れた時など、座敷の柱に背をもたせてうとうとするのがおかみさんのいつもの癖であった。少しだけ頭を下に向けるが、背を丸めたりはしない。何かこう、その周辺だけ時間が止まったような気配である。自然で無理がないから、店の仕事に逆らうような流れにはならない。

こうして、二、三分であっても少しは疲れが取れるものらしい。そして、その際の表情にも間断なく凛としたものが漂っていて、ここにもやはり苦労を忍ばせる何かが感じられたのである。

四月が来て、私は修士過程の三年になった。その年度は指導教授の講義を受けるだけでよく、後はもっぱら修士論文の作成に力を入れるようにとの配慮がなされた。

「もう一年やってみなさい」というあのW先生の言葉を耳にして以来色々悩んだが、次第に、昌益の活躍した地を一度訪ねてみようという想いに傾きつつあった。

土壌は人を育てる。八戸や大館に行き、昌益の立った地に足を踏み入れれば、また何かが掴めるかもしれない。こうした気持ちの高鳴りが日々増してきていたのである。

確かに文献を読みこなすだけでは不十分であろう。昌益も言っているではないか。一番確かなもの、この自分の身体から判断せよ、と。実際に現地を歩いてみて、そこで感じることを吸収するのは重要な筈だ。では、出発するのはいつがいいだろうか。小料理屋は春と秋の観光シーズン中ずっと込み合う。勿論冬では遅すぎる。ただ夏は、祇園祭りの山鉾巡行辺りを除けば割合に暇である。それに、大学院の方も休みに入る。

私はこう判断し、夏期休暇を利用して十日間程の日程で出かけることに決めた。決めてしまえばよくしたもので、旅費のこともあって一段とアルバイトに力を入れるようになっていった。

既に桜の花は散り、早咲きのつつじが花を付け始めていた。季節の巡りは当然、料理屋の商売にも影響を及ぼす。食材の変化は勿論のこと、夕暮れ時の心地よい風は人の心も軽くし、つい外に出掛けようと弾んだ気持ちにさせるからである。

四月から五月にかけては一年の前半の山場で、ずっと客足が途切れることはなかった。店内には注文や催促の声が盛んに飛び交っていた。それに呼応するように、従業員の方は黙々と手を動かし続ける。やがて一品ができ上がると少し強さを含んで、板場の方から「よっ」と声があがる。その声が行き渡って、店全体のリズムを作り上げる。食膳を運ぶ者の動きも、自然とそれに乗せられてゆく。

こうした雰囲気の中で私は、次から次へと運ばれて来る食器を中腰になりながら一心に洗っていた。ついこの間までは水道の水は皮膚に痛かったのに、それが徐々に温かくなり、手への刺激を和らげている。

「桜も終わってしもうたな」

「ほんに」

「また暑うなるで」

「へえ、へえ、確か去年もそんなこと言うてはりましたな」

「はは、そうやったかいな。まあ、暑うなったり寒うなったりするさかい、ええのんやろな」

コップに注がれたビールをぐいっと飲み干したYさんは、おかみさんとは三十年来の付き合いという友禅作家であった。週に一度は開店早々に顔を出す。私は洗い場の陰から垣間見るだけであったが、メガネを掛け白髪の少し面長な風貌はどこかの学校の教師のように見えた。

「やっぱし氷で冷やしたんはうまいな」

「そうでっしゃろ。これ、冷蔵庫やったら味気のうてな」

この店では大きな入れ物に氷水を作り、そこに瓶ビールを並べて冷やしていた。場所を取って手狭になるのに、おかみさんはあくまでそれにこだわっていた。

「無理がのうて、ええ具合や」

Yさんは確かめるようにして、またコップを口に持っていく。Yさんによれば、料理は勿論旨いが、このビールだけでも絶品ということになるらしい。満遍なく冷え、むらがない。刺すような冷たさがなく、柔らかである。そしてそれは、客のことを本当に考えているかどうかということにどうも繋がってゆくらしいのである。

「ほれ、そこの四条上がったとこのお店屋はん、店じまい思うたら急に空き地になってしもうてるな」

コップを置くと、Yさんはふと思い出したようにそう言った。

「あとビルが建つとか言うてはりますけどな」

「ビルがか？」

「なんでもご主人が倒れはってお店が続けられへんさかいに東京の業者に売ってしまわはったんやとか。貸しビルとか聞いてますけど」

「ふーん。貸しビルな」

Yさんは注がれたビールを少し口にして、またすぐにこう聞き返した。

「けど、そんなん建ったらなんやここらへんの様子が変わってしまわへんか」

「そうでっしゃろな。軒の低い家が続いてるとこでっさかいに」

おかみさんはビールの水滴で濡れたカウンターを撫でるようにして拭いた。

「西陣も着物の方が落ちてきてな。染め屋はんが工場の跡地を駐車場にしてみたり、不動産屋に売ってみたり、そこにマンションが建ってみたり、いろいろや」

京都らしいと言われる古い町並みが、この頃切り裂かれるようにして変化し始めていた。風致地区の指定から外れた地域が、金儲けを企む業者の恰好の餌食になっていたのである。昌益流に言えば、この破壊行為は、人間の心に巣くった過剰な欲望の反映に他ならない。つまり、人間の心が外に見える形となって表れているのである。昌益の時代にも、特に東北の諸藩は鉱山開発に力を注いで藩収入を増やそうとし、山を削ったり、掘ったりすることによって荒れ山を生み出していった。地下水脈が断ち切られて木は生えず、地表が脆くなって土砂災害が頻発するようになる。そんな中、金銭を得ようとする農民はこれら金や銀や銅を採掘する鉱山に出稼ぎに走る。だが、坑道の換気の悪さから肺を痛めたり、落盤によって骨折したり、たとえ稼いだとしても、鉱山の周囲に設けられた歓楽街で給金をすっかり使い果たしてしまうことになる。これはまさに荒廃した心の裏返しである。昌益はこう述べている。

「故ニ、上下・万人、金ヲ得ル則ハ身望・寛楽成シ易シ、故ニ一命ニ代ヘテ金ヲ惜シム世ト為ル」(「糺聖失巻」)。

――そこで身分の上下を問わず人々は、金《かね》さえあれば自分の望みを叶え、歓楽にもふけることができると思うようになり、命に代えてまでも金を惜しむ世の中となった――。

時を隔てて、今同じような状況が生まれている。環境破壊は人災であると、疾《と》うの昔に昌益は見抜いていたことになろう。

この店には、祇園という場所柄、一般のサラリーマンと思われる客は少なかったが、陶芸家、仏師、デザイナー、映画関係者、観光客など様々な人が出入りした。その理由は色々あるのだろうが、当然と言えば当然なこと、旨いということがまず挙げられる。初めて訪れた客からは料理を口にした途端、決まって、「おいしいー」と歓声に近い声が上がる。ほぼ間違いなく、どの品をとってもこの声が聞かれた。私の勤務は午後四時半からであったが、仕事前にまかないが準備され、そのうちの一皿には客に出されるものが必ず一品付いていた。皿洗いの私でも、店でどんなものが出されているのかは知っておくようにとの配慮なのであろう。最初の食事の際に付いてきたのは、今でもはっきり覚えているが、黒い小鉢に入った小芋の煮つけであった。きれいに面取りがしてある小芋が五個、その上に細かく刻んだ柚子の皮が載せてあり、ほのかに香っている。その一つを口にした時、私は「うーん」と思わず唸ってしまった。薄味で、小芋の本来の味を損なわず、なお且つ噛み砕く際の粘りを残し、全体が柚子の香りでほんのり包まれる。もう一個を口に運んだ時、舌の上に広がる旨さのため次に箸を使うまでにしばらく時間が必要な程であった。この旨さは一体どうやって作られるのだろう。常に気に掛かる問いであった。しかし煮込みなど、前もって手間を掛ける料理については作り方を目撃したことがない。私は開店近くになって駆け付けるので午前中からの仕事の段取りは全く知らないからだ。そうした中、ある時、偶然枝豆を茹でる準備をしているのを見たことがあった。まず枝から枝豆の入っている鞘を取り、それに付いた余分なものをハサミで切り取っていく。次いで、荒塩を手にし、両手で挟むようにしてこの鞘を擦り合わせるのである。最初の内は滑らかにするのだろうと思って見ていたが、それが何度も何度も繰り返され、手の平の方がしだいしだいに赤くなっていくのにはびっくりした。これでもかこれでもかという具合にいつまでも続くのである。まるで北山杉の丸太を荒砂で磨くような光景である。聞けば、こうして擦り合わせると、茹で上がった時この上なく素晴らしい色に仕上がるのだそうである。当然鮮やかな色は食欲をそそる。枝豆ひとつを取ってみてもこういう風であったから、とにかく手間ひまを掛けるというこの店の方針が旨さを引き出しているのだろうと私には思われた。

店が流行る理由としては他に、おかみさんの持つ明るさ、華やかさが挙げられよう。もともと舞子の出だそうだから「なるほど」と頷けるが、それにしても、笑顔は歳を重ねた当時でも何とも言えず魅力的で人を引き付けた。色気があって、品がある。嫌味がなくてかわいいのである。その場にいるだけで絵になるとはこういう人のことを指すのであろうか。あちらでもこちらでも声が掛かり、おかみさんはその都度笑顔を返し、客の気を反らさないようにと満遍なく注意を払いながら振る舞う。時々客の視線を追ってみると、中には、おかみさんの背中を見ているだけで満足そうな表情を浮かべている人もいた。「なぜだろう」と当初は疑問に思ったが、実は驚いたことに、背を向けられていても確かに華やかさが伝わっているのである。それは、おかみさんの全身から立ち昇って来る雰囲気が為せる技としか言いようがない。勿論着物の着こなしや、柔らかい言葉遣いもプラスしているのではあろうが。

やがて客の数が増え、そのうち常連客同士の会話の中にYさんも巻き込まれ、こうした人の輪が幾つかできあがっていく。笑い声や弾むような声が店の中を飛び交い始める。私の耳にも、断片的ではあるがこうした会話が飛び込んで来る。中には職種の異なる人同士の会話が始まり、それが思いがけない方向に向かうことがある。目の付け所が違うので最初の内は話がバラバラになりそうで、それでいて直に何か一本の線に沿うかのようにして進んでいく。たとえば、服のデザイナーと仏師との場合がこんな風であった。

「仏像はんてサリーみたいなゆったりしたもん着てはるやろ。あれ、もっときっちりしたもんやったらあかんの」

「そんなんやったらボタン彫らなんやろ。なんかおかしないか」

「ボタンして、きちっとしてる仏像はんて素敵やないの」

「だいたい服装はどうでもええのんや。仏像で大事なんは顔の表情と手や」

「顔は分かるけど、なんで手なん」

「浄瑠璃の人形でもそうやろ。手で、うれしいとか悲しいとか表現するやん」

「はーん」

そこへ産婦人科の医者が口を挟む。

「この頃の赤ちゃんな、手広げて出て来るんやで。昔は握ってた子多かったのにな」

というような具合である。やはりこうした遣り取りは刺激的である。様々な人が集まり、語り合うことによって初めて生まれる産物と言える。

ひるがえって昌益の時代には、色々な階層の人が集まって自由に議論を戦わすなどということは一般に不可能であった。句会などで武士と町人が同席することはあっても、話題はもっぱら句についてである。但し、例外と思われるものはある。真の儒教に復古すべしと古学を説いた伊藤仁斎（一六二七―一七〇五年）の門弟は武士、町人など三千人に及ぶと言われるが、彼は京都の自宅を古義堂と名付け、学生を受け入れて講義を行った。その際、一方的な講義ではなく、学生たちに意見を提出させ、共同に討論したとある（吉川幸次郎「仁斎東涯学案」）。また、日本の古典に帰り、もののあはれを知ることが第一と唱えた本居宣長（一七三〇―一八〇一年）の門弟は神官、僧侶、武士、町人、農民など五百人に上るが、彼らは松坂の地を訪れて宣長の講義に列席したり、書簡によって教えを受けたりという形をとっている（村岡典嗣『本居宣長』）。そしてこうしたものの中に、宝暦六、七年頃に開かれたと推定される昌益一門の全国的な集会を挙げることができる。これに参加したのは十四名で、昌益以外は次のような顔ぶれとなっている。

松前―葛原堅衛《くずはらけんえい》。

八戸―神山仙確《かみやませんかく》（八戸藩御側医）、嶋盛慈風《しまもりじふう》、中村信風《なかむらしんぷう》（八戸城下で酒屋を営んだ有力な商人、中村忠平の可能性が高い）、北田静可《きただせいか》、福田定幸《ふくだていこう》（御用人にまでなった八戸藩上級武士）、高橋栄沢《たかはしえいたく》（神主）。
須加河―渡辺湛香《わたなべたんこう》。
江戸―村井中香《むらいちゅうこう》。
京都―明石龍映《あかしりゅうえい》、有来静香《ありきせいこう》。
大阪―志津貞中《しづていちゅう》、森映確《もりえいかく》。

これらの名前を見てお気づきと思うが、昌益の号である「確龍堂良中」の一字をもらって自分の号にしている者が五名、門人同士で共通の一字を付けている組み合わせが四組ある。ここには何らかの配慮が隠されているはずであるが、もうひとつはっきりしない。ただ自分の名前を伏せるという意味合いで使用しているのは確かである。

また、身分の不明な者について、推測の域を出ないが、森映確を道修町の薬種屋、有来静香を生糸商人、明石龍映を医師、村井中香を江戸の金融街で活躍した近江商人、と考える研究書もある（川原衛門『追跡昌益の秘密結社』）。

そして、この集会での討論内容が「良演哲論巻」の中に収録されている。神山仙確《かみやませんかく》が司会を務め、昌益の問題提起から始まり、これに対して門人が質問したり、それにさらに昌益が答えたり、門人同士が討論したりという形をとっている。一例を見てみよう。

北田静可――「軍学や兵法は道ではないと小生は思うのですが、いかがでしょうか。」
昌益――「道でないのなら、質問する必要はなかろう。」
高橋栄沢――「軍学や兵法は人を殺し自分も亡び、人を亡ぼし自分も殺されるといった死闘によって天下国家を奪おうとする教えである。これは聖人が天下を治めようとしたことに端を発している。天下にたとえようのない大罪悪なので、先生も答えるべき言葉がなかったのだ。だから質問そのものを無用とされたのである。良中一門では、軍学や兵法のことを少しでも口にすれば活真の大敵となる。だから一切触れないのである。」

こうした討論は熱を帯び、最終的には、「現実の社会に対して我々は何をなすべきか」という段階にまで到達する。そして、この世の改革案である「私法盗乱ノ世ニ在リナガラ、自然活真ノ世ニ契《かな》フ論」が生まれてくることになる。

さて、店の方はというと、私の前には洗い物がますます運ばれて来るようになってきた。早いもので、この店に勤めるようになって一年が過ぎたが、その頃には、運ばれて来る器から何が注文されたのかが判別できるようになっていた。春にもっとも人気のある品は竹の子を煮たもので、縦長に切られた竹の子が実に柔らかく炊かれ、湯気が立ち昇る中ふんわりと盛ってある。それでいて、コリッとした歯応えを損なうことなく、上に載せられた木の芽が竹の葉を連想させる。この料理には、薄いうぐいす色の少し底のある器が使用された。色からしても、いかにも春らしさを漂わせてくる。ただ、天気の状態によっては客の好みも随分と変化する。たとえばよく晴れた気温の高い日であったなら、あまごの南蛮づけなどの酢の物が、気温が低ければ、少しこってりとした田楽が人気といった具合である。

前者は、空揚げされたあまごの酢づけの上に赤い南蛮が添えられ、白地に淡い雲の文様のある小皿に盛られる。後者は、やや厚みのある黒地の皿に、半分に輪切りにし油で炒めた賀茂茄子の輪切りの面に赤味噌が塗られ、さらに上に細かく刻んだ柚子の皮が散らされて出される。皿の深い黒色のせいで、賀茂茄子の青黒さが一層引き立つ感じだ。勿論人の好みには個人差があるし、それに、手にする酒が日本酒かビールかウィスキーかといった違いも影響を与えるだろうが、運ばれて来る器を洗って重ねてみると、気候と人の味覚との間には何か繋がりがあることを気付かされるのである。たとえこのような大都会の真ん中であっても気候の変化を、季節の移り変わりをはっきりと感知することができる。やはり季節を巡らす自然の働きは全てのものに影響を与えるのである。私は昌益の次の言葉を何度も何度も思い浮かべていた。

「転定・人・物、所有事・理、微塵ニ至ルマデ、語・黙・動・止、只此ノ自然・活真ノ営道ニ尽極ス」(「大序巻」)。

——天地も人間も物も、あらゆることがらやことわりも、塵ひとつに至るまで、語るも黙るも動くも止まるも、ただこの自《ひと》り然《す》る活真の営む道そのものなのだ——。

五章　八戸へ

日本海廻りの夜行列車に乗り、青森で乗り換え、八戸でさらに乗り換え、本八戸駅に着いたのは朝の九時頃であった。駅舎は小さな造りで、駅前の広場もこじんまりとしており、どうも市街の中心地からは少し離れた所に位置しているらしい。地図を開いてみても確かにそうなっている。城下町や寺町など古い町並みが続く所は、新しく列車を通そうとしてレールを敷く際、大概郊外に持っていったものである。空いた土地がないことは勿論、いろんな面で折り合いがつきにくかったからである。恐らく八戸もその例に漏れないのであろう。下車した人々が市街地であろうと思われる方向へ歩き出しているので、私もそれを追うようにして上り坂になっている通りに歩を進めた。左右は一様に二階建ての民家が続き、商店と見られるものは二、三軒ほどしかなく、駅前にしては何とも閑散とした光景である。窮屈な印象を与える幅の狭い道をそのまま進んで行く。と、一変するかのように、急に視界が開けた。正面やや右手の方には市役所が、その向かいに当たる左手の方には、交通安全の垂れ幕が吊り下げられていて一目で警察署と分かる建物が、そして、この両者の間の奥まった方向に高いビルが幾つか顔を覗かせているのが見える。列車を降りた人たちがその方向へと向かっている。どうもあの辺りが中心街らしい。私はそう見当を付けて、それから警察署の方へと足を向けた。地理を尋ねるのであればここが一番手っ取り早い筈である。中に入るとカウンターがあり、その向こう側で何人かが机に着いて仕事をしている。私は、入口に一番近い所にいる女性職員に聞いてみることにした。

「八戸図書館はどちらの方にあるか教えていただきたいんですが」

すると、唐突であったのか、その女性は私を見上げ一瞬言葉を飲み、じっと見詰め、それから口を手で押さえて笑いを堪えるような仕種をした。私の方も思わず頭の辺りに手をやり掻くような動作で応じてしまった。というのも、くたびれたリュックを背負い、まだ顔を洗っていないので汗や煤で黒っぽく汚れていて、きっと独特の雰囲気を醸し出しているに違いないと了解できたからである。少し間を置いて、

「図書館ですかぁー」

と聞かれたので、私はほっとして、

「ええ、ええ、そうです」

とすぐに頷いた。女子職員はやおら立ち上がり、

「ここを真っ直ぐ行って、あそこのビルを右に曲がって、ずっと行くど突き当たりの辺なすー」

と、カウンターから入口の向こうに見える道を指しながら、八戸訛りの情感ある言い方で説明し始めた。

私は言われるままに視線を外に向けながら背後から響いてくる訛りを耳にして、この時、八戸に来たことを実感していた。

私が真っ先に八戸図書館に行こうとしたのは、そこに昌益関係の資料がまとめられていると聞いていたからである。それもかなりの量が集められているということで、滞在できる日数が限られている遠くから来た者にとってはきわめて好都合である。女性の説明ではたいして遠くないということだったので歩いて行くことに決め、外に出た。そして、何気なく向かいの市役所の方に眼を遣って気付いたのだが、その右手側には公園が広がり、木々の陰に公会堂らしきものが、また奥には神社が見えている。つまり、駅からの道は低い所だったためどうも視野に入らなかったらしい。近づいて見ると案内板には三八城公園とあり、かつての八戸城跡である。ただ、城門などの遺構は見当たらないようだ。もともと八戸藩は南部藩から分離独立させられてできた藩である。二十八代南部藩主重直が後継ぎの決まらないうちに死亡したが、当時の慣習ではこの場合、お家断絶、領地は没収ということになっていた。そんな中、寛文四年（一六六四年）幕府の裁定が下る。重直の弟七戸隼人と中里数馬に対し、それぞれ南部藩八万石、八戸藩二万石に分割して存続を許すというものであった。この時中里数馬は既に生母の姓を名乗っており、後継ぎの候補としては名前も出ていない存在であったから、このために藩内にはしこりが残った。

だが、ともかく、中里数馬は南部直房となり八戸藩の体制を作り上げようとする。たとえば、南部藩から分けてもらった家臣はわずかであったため、南部藩士の二、三男や、八戸に古くから住む根城南部氏の旧臣で土着したまま帰農していた者たち、こうした中から選んで五〇〇人の家臣団を揃えるといった具合である。二年後の寛文六年に初めてお国入りをし、翌年参勤のため江戸へ上り、翌八年二度目のお国入りをするが、帰国して間もなく四十一歳で急死する。暗殺であったと言われている。この後遺児武太夫（直政）が相続するが、暗殺を恐れて江戸に留め置かれ八戸には帰って来なかった（西村嘉『八戸の歴史』）。こうした状況であったから、何代にも渡って主君に仕える家臣団、その緊密な結び付きによって支えられている他藩とは趣を異にしていたと言ってよい。たとえば関ケ原での戦犯処置で毛利家が防長二州に閉じ込められる際、足軽に至るまで付いて行ったような事態は、恐らくこの藩では起こり得なかったであろう。昌益が八戸に姿を現した一七四〇年代も、この八戸藩特有の状態は色濃く残っていたように思われる。

案内板を見終えて、しばらく周囲を見渡していたところ、公園の一角に水道の蛇口があるのにふと気付いた。私は先程の女性の仕種を思い出し、そそくさと近づいてリュックを背負ったまま手早く顔を洗った。そして、手拭で拭いながら、教えられたように公園を突っ切ってビルの角を右に折れた。中心街に続くと思われる道筋からは離れてゆく方角だ。しばらくすると、表通りを外れたせいか急に静かな佇まいとなり、塀囲いの家が続く道に出た。途中その塀の壁の一つに馬場町という掲示が貼ってあった。ここはかつて馬場のあった所らしい。九時を過ぎていたから通勤、通学の波も遠ざかっていたのであろうか、一層静寂な感じを与えている。塀の中の庭木の枝が時折道の方にはみ出しているのが見える。それらに視線を向けながらどんどん歩を進めていった。やがて突き当たりに出たが、そこは左右に走る道路で遮断されていてこれ以上前には行けない。で、どうしたものかと迷っていると、少し木々の繁った所が右手の方にあるのを発見する。

恐らくあれだろうと当たりを付けて行ってみれば、予想通り八戸市立図書館の案内標識が目に入ってきた。近づくと、敷地内のやや高まった所に二階建ての建物も見え出した。床面積の大きな建物らしく、ちょうど高台の部分が切れる辺りにまで及んでいるのが分かる。そしてそこから向こう側は下りの傾斜となり、かなり低まって平らな地面と繋がっている。そこには競技場らしい施設があり、ずっと視界が広がる。私は道路を横切って図書館への坂を上がり、やっとの思いで入口のガラス製のドアに手をかけた。左右には下駄箱が並び、先にあるもう一枚のドアを隔てて奥の方に利用者の姿が見える。夏休みということもあるのだろうが、人数が多いのにまず驚かされた。私はリュックを降ろし、カウンターで自己紹介をし、昌益の資料を見たい旨申し出た。

「京都からですかぁー」

係の女性は私を見上げ、一瞬間を置いてから頭を下げ、そして書棚の間を通って奥に引っ込んだ。周囲には確かに学校の生徒らしい者たちが目に付くが、それ以外にも結構大人たちの姿もある。なかなかに文化的な風土なのであろうという感じがする。八戸は昌益のみならず、地方史研究の盛んな所だということでも名が通っている。確か図書館利用率が全国でも上位に位置する記事を見かけた覚えがある。しばらくすると許可が出たものとみえ、「どうぞ」と勧められて閲覧室のさらに奥の方にある一室に案内された。

「閉館は八時半ですから。それまではどうぞ」
十二、三畳くらいの広さだろうか。部屋の真ん中にはテーブルと椅子が置かれている。私はその傍らにリュックを寄せ、一息つき、それから周りを見て驚いた。天井まで何段にも渡って書籍やケース本がぎっしり並べられていたからである。私は圧倒される思いで再び見回した。ケース本というのは、ケースを作ってその中にコピー文献が入れてあるもののことである。部屋の隅には梯子が立て掛けてある。高い所はこれに登って見るということであろう。今多くの昌益関係の資料に囲まれている現実を前にして、否応なく気持ちが高ぶっているのが分かる。その高ぶる気持ちを抑えつつ、下の方から、順に舐めるように目を通していった。
昼食も抜き、ひたすら資料を見ることに夢中になっていたが、途中で男の人が入って来て、

「今見でる所からこっぢの部分が昌益関係だな。他は八戸の歴史なす」

梯子の上にいた私にそう話し掛けた。

「あっ、どうも」

私はふいに言われたもので慌てて、そのままの状態で頭を下げた。一見して研究者タイプの方に見えた。面長で髪には白髪が少し混じっている。「役目上どんな人物が来ているのか確認しに見えたのであろうか」などと勝手に想像して、もう一度頭を下げた。笑顔が返って来たが、それっきりでそのまま出て行かれようとする。私は高い所で失礼だとは思いながらすぐに声を掛けた。

「あの、しばらく八戸にいるつもりですので、明日も拝見したいのですが」

「それは、それは。朝は八時半から開館なして、いづでもどうぞ」

昌益関係資料のかなりの部分は既に目を通したものであったが、当時の農民生活に触れた「老の故事《ふるごと》」、地元の研究者の書かれた論文など知らないものも数多くあった。まとめられるものはノートに取り、他はコピーをお願いした。また、八戸に関する資料は京都ではなかなか手に入らないものばかりであった。十日間のうち七日は八戸、残り三日は、その後の調査で昌益が晩年移り住んだことが明らかになった大館に行ってみるつもりでいた。限られた時間の中でなるべく多くの資料に目を通したいと思っていたから、次の日も開館と同時に閲覧できるように八時過ぎには図書館に出向いた。そして、開館まで時間があれば周辺でも散歩してみようかと考えていた。

ところが、例の坂道を上がって何気なく図書館の方を見ると、館内の明かりが付いているのである。「おやっ」と思い、入口に近づき押してみるとドアが開く。入っていいのだろうかと一瞬迷ったが、早く見たいという気持ちを抑えられず、そのまま昨日案内された部屋に入って行った。すると、足音が響いたのであろう、すぐに笑顔を見せてあの男の人が顔を覗かせた。

「開いていたものですから、もういいのかと思いまして」

私は恐縮しながら言った。

「ああ、まんづ、どうぞ、どうぞ。守衛が遅くなるので開けでおいだべさ」

ざっくばらんな調子である。

「それはどうも」

私は再び礼のつもりでお辞儀をした。それを返すようにこう挨拶された。

「Nです。京都からみえたそうですなあ。遠くて大変だったなすー」

この時初めて私は、この方が昌益研究で有名な副館長のNさんであることを知ったのである。大変な方にお会いしたという驚きと喜びで、それに、昨日の失礼な対応を思い出して全身が堅くなったように感じた。だがNさんの方は快活そのもので、私は勧められるままテーブルを挟んで向かい合い椅子に腰を降ろした。そしてそのまま、何故かすんなりと対話する状態に入ってしまったのである。最初は京都についての話が、次いで八戸の歴史へ、やがて昌益のことへと移っていった。勿論私の方が聞き手であり、時に質問をしたりして答えていただくといった風であったが、徐々にNさんの話は熱を帯び、次から次へと溢れて来るものを抑え切れないという口調になっていった。そしてそれが、今まで自分が疑問に思い満たされなかった部分にどんどん染み透っていく。初めて会った私のような者に、このようにして心を込めて語られる姿勢に感謝の気持ちが湧く一方、この時私は、あの昌益の誠実さに繫がるものを同時に感じていた。

当時図書館では八戸藩の日記の解読をされていたらしく、途中何度か職員の方が分厚い古文書を手にして入ってみえた。

「これは何ど読んだらいいいんだべさ」

横合いから文書を差し出して、指で分からない箇所を示される。そんな時Nさんは間を置かず、ひょうひょうとして答えられた。また、Nさんへの電話の呼び出しが何度かあった。と、走るようにして出て行かれるけれどもすぐに戻ってみえる。時には閲覧者の方も何人か入ってみえたが、少し挨拶されるだけでそのまま我々の話は続いた。そして結局、昼食をとるのも忘れ、一日中話し込み、気がついた時には、もう外は暗くなっていたのである。私はこの時のことを今でも鮮明に覚えている。話が一段落して何気なく外を見た時だった。暗いのである。ガラス窓には室内の様子が映っている。私は「あっ」と驚き、かつて同じような感覚に陥ったことがあるのを、とっさに思い出した。それは、三本立ての映画を見るために午前中に映画館へ入り、十分堪能して出て来た時包み込んだ、あの夜の帳《とばり》の感じそっくりであった。時間の経過がすっかり抜け落ちてしまっているのだ。真に没頭するとはこういうことを言うのであろうか。

その晩、私はNさんに夕食を御馳走していただいた。なかでも、注文された稗《ひえ》飯は東北農民の生活を少しでも感じ取ってほしいとする、Nさんの配慮であったように思う。白米の中に点々と稗が混じっている。私はそれを口に運びながら、

「あそこにもあるで、抜いとかんとな」

と祖母が、青々と伸びた稲の間に顔を覗かせている稗を指さし、念を押したのを思い出していた。稗は生命力が強く稲の必要とする養分を奪い取ってしまう。そのため、稗の抜き取りは大事な農作業の一つであった。時代を遡り、特に寒い地方となると稲は育てるのが難しく、その結果逆に、稗は農民の利用すべ

き作物となり食糧の一部となっていた。その稗飯である。同じように稗飯を口に運んでいる目の前のNさんを見ながら、これは昌益が取り持ってくれた縁なのではなかろうか、という思いが自然に湧き起こってきていた。

図書館でNさんの話を伺うのは、私の記憶によると三日間程続いたように思う。その間色々なことを教えていただいた。数え上げれば切りがないが、その幾つかを挙げてみることにしよう。

一．八戸は余所者に対して割合寛容な土地柄であったこと。実際人の出入りが多く、特に江戸との交易が盛んであったことを八戸の港の例から説明された。つまり、江戸の人口増大により、昌益の生まれた元禄頃から鰯〆粕や干鰯、味噌や醤油の原料となる大豆を求めて廻船が頻繁に八戸へ来るようになった。その結果、内高を加えて農業総生産高四万石とされる八戸藩にあって、大豆だけで一万石近くも積み出すようになる。これに伴って、新井田川の下流の堀を拡張して船だまりを作ったり、あるいは役人を常駐させて税の徴収を行ったりなどの対応が取られた。船着き場にも人家が増え始め、鰯の加工場を巡る土地争いや運搬用の牛馬の繋ぎ場所などでの揉め事が記録に残っているそうだが、それだけ取引が盛んになった証拠である。こうして人の出入りが多くなり繋がりができ上がってくると、余所者に対しての警戒感が徐々に弱められていくのは自然な成り行きであろう。

二．以前にも触れた猪飢饉（寛延二年、一七四九年）は、この大豆生産拡大の結果引き起こされたものであったこと。八戸では大豆の生産は主に焼き畑農耕で行われた。焼き畑は数年耕作すると土地が痩せるために放棄され、その後には蕨や葛といった地中に澱粉を蓄える植物が生える。そうするとこれが猪の食糧となり、焼き畑の放棄が繰り返されるごとに猪の数が増えてゆくという関係ができ上がる。その結果、猪が異常に繁殖し、群れをなし、不足分の食糧を求めて田や畑に乱入することになった。田や畑は当然片っ端から荒される。

このため今度は人の食糧の不足を来し、多数の餓死者が発生したのである。この猪飢饉では三千人もの死者が出て、いちいち棺桶など用意することもできず、死体近くの道端に穴を掘っては埋めたということである。僧を呼んでお経を唱えてもらうなどという余裕はない。ただただ、死体やその悪臭を手っ取り早く取り除くための方策だったのである。

この時昌益は八戸に居住していたから、当然こうした状況を目撃していた。生きるとは何か。僧とは何か。医学とは何か。人間とは何か。もろもろの問いに昌益は、根本から揺さぶられた筈である。

三．八戸の大店を経営していた者は他国、それも近江、美濃出身者が多く、これらの豪商によって八戸藩の財政は支えられていたこと。もともと八戸藩は財政的基盤が弱く、凶作も加わってしだいに逼迫した状況に陥っていった。元禄頃から藩士に対する借上げ（藩が藩士から借りたことにして、俸禄を削減すること）が始まり、続く宝永の頃には、七十パーセントを越すような借り上げがなされた年もあったという。天明に至ると城下では生活できなくなり、上級、中級の武士などは拝地に戻り農業に従事する者が数多く出たということである。下級武士の場合は拝地もないのでそういうわけにもいかず、その苦境は推して知るべしであろう。

勿論農民はもっと悲惨で、凶作のために家族数が減少し、さらに、餓死によって空き家となる家が増えてゆくような有り様だったのである。こんな状態であるから、勢い豪商（近江屋、美濃屋、大塚屋など）の手を借りることとなる。これらの豪商たちは特権を持って、当然例の大豆や〆粕などの積み出しにも関わっていた。私はこの話を聞きながら、「糺聖失巻」中の次の部分を思い浮かべていた。

「故ニ此ノ商道ハ、不耕ニシテ利ヲ巧ム諸悪ノ始メナリ。是レ金銭ヲ以テ通用スル所ニ始マル故ニ、利欲ニ走ル謀《なかだち》ナリ。故ニ商家多ク耕家少ナキ則ハ、転下ノ乱早ク至ル。上下反倒シテ苦シム」。

――だからこの商の道は、耕さずして私欲を許ろうと企む諸悪の元である。これは金銭を流通させたことから始まったので、金銭は人を利欲に走らせる仲立ちに他ならない。従って商家が多く農家が少ない時は、この欲望がぶつかり合い世の中にすぐさま乱が生じる。上と下とが争い合い人々が苦しむのである――。

四．八戸藩は畑地の割合が高く、藩とすれば漁業生産物に及ぶまで種々の税を掛け収入を増やすのに躍起となっており、延いては、納税者としての農民、漁民を無礼のかどで切り捨てになどはできなかったこと。勿論藩政の皺寄せはこれらの領民に押し付けられ、その結果多数の餓死者を生ずるまでになっていたのだが、たとえば、酔っ払って城内に入り込んだ農民が何の咎めも受けずに家に帰された記録があることに触れられている。

前項で触れたように農民の数は減少傾向にあり、実際、天明四年（一七八四年）春の市ノ沢、葛巻、櫛引の三村の場合、一戸の家族数が二人から三人という小人数にすぎない農家が村落の半数ないしそれ以上を占めている（前掲『八戸の歴史』）。他の村落の状況も似たようなものと推察されるので、藩当局には、それなりの配慮が必要とされたということであろう。

五．八戸は火災が多い所で文書類の多くは焼失しており、昌益資料は八戸周辺の土蔵か、あるいはむしろ大館の方が残存している可能性が高いこと。八戸駅から本八戸駅にかけて、列車の外に広がっていた景色からも推測できるのであるが、この八戸は概ね平地の町と言ってよい。中心のビル街の辺りが多少高台にはなっているものの、近辺には風を遮るような高い山などはどこにも見当たらないのである。海沿いでもあるし、もし火災が発生して強風でも吹こうものなら手の打ちようがなく、火はあっという間に広がり一帯を舐め尽くしてしまったことは想像に難くない。

したがって文書類は焼失し、残っているとすれば延焼を免れ、八戸との交流もあった周辺の土蔵という指摘になるわけである。これは現に、宝暦三年発行の刊本『自然真営道』が、八戸からは南の方角になる南郷村島守の村上氏宅の土蔵から発見されたことを踏まえてのものであったのだろう。また、昌益の死亡地を確定することになった過去帳は、大館市二井田の温泉寺に保存されていたものである。

六．当時米の種類は多かったはずであるが、昌益はどの種類の米を対象として頭に描いていたのだろうか。米を穀精の元として捉えているが、著作からはそれがよく分からないこと。確かに、早稲《わせ》、晩稲《おくて》、糯米《もち》、粳米《うるまい》というような区分はしているものの昌益にはこれ以上の説明はない。収穫量の差、茎の強弱、寒さにより強い稲かどうかというくらいの指摘はあってもよさそうである。これらは、農業に従事している者であれば真っ先に気になることである。ただ「故ニ偶々《タマタマ》鳥・獣・虫・魚ニ米穀ヲ食ハシムル則ハ、精力抜群ニ勝《すぐ》レテ格別ニナルナリ」（『人倫巻』）という記述を見れば、昌益の場合、米は農の立場からだけではなく、特に養分の側面からも捉えられているということが分かる。やはり医師としての視線がそこここに強く働いていることを認めざるを得ないであろう。

これらのことをNさんは、資料の裏付けをもって順々に話していかれた。時には自ら味わい、少し視線を上げて遠方を見遣るような仕種をされた。私は話題の豊富さと、土地感に支えられた説得力のある内容にすっかり引き込まれてしまったのである。なかでも、八戸は人の出入りの多い土地で余所者に対して寛容であったという指摘は、何故昌益が八戸の一等地で開業し得たのか、その際周辺の人々の視線はどうだったのか、という疑問に少なからず答えてくれた。たとえば、当時農民が他国へ移る場合どういう手続きを踏んだか。法制史関係の研究書を開いてみるとそこには種々の例があったが、住み着くためにはおおよそ次の条件を満たしていることが必要に思われた。出る村の紹介状を所持していること。入る村の方の同意があること。引き受け人がいること。農業に従事することである（前田正治編『日本近世村法の研究』）。これらを踏まえれば、その後の大館移住は実家への帰参であるから、これは理解しやすいであろう。八戸の場合はどうか。まず昌益は医師であるから、修業と称すれば割合自由に動くことができたという利点がある。実際、昌益が八戸を去った後、息子秀伯が江戸へ出て医学修業をしたい旨申し出て藩から許可されている。また、弟子であった御側医神山家（仙確）の引きも当然あったろう。御側医の推薦があれば、医師としてはこれ以上の有力な後ろ盾はない。そして、先程の状況がこれを周囲から支えたと言えるのではないか。つまり、余所者に対する寛容さが潤滑油の働きをし、人々の注ぐ視線を和らげ、周囲への溶け込みやすさを生み出していたと考えると、全体として合点がいくように思われたのである。

こうして私はNさんの話を伺う間中、昌益を深く理解するという一点に向かって全ての時間が流れていることを感じながら、満ち足りた気持ちになっていたのだが、ただここで、私に強い一撃を与えたことについても触れておかなくてはならない。いや、むしろ八戸を訪れた意味はここにあったと言うべきであろう。それは、昌益が八戸での生活を捨て大館へ向かったことに対するNさんの感極まった次の言葉であった。

「やっぱー、昌益さんは偉かったなすー」

私はこの言葉を聞いて、思わずはっとした。昌益はその思想実践の場として大館を選んだ。それは六十歳近くなった男が自分の余命を賭けることでもあった。そこには私欲をきっぱり捨てた、たぎるような熱い思いがあったに違いない。そしてこれこそが、昌益思想の土台そのものなのだ。Nさんの心の内はこういうことであったと思う。そしてこれは、今までお聞きしたことの全てを集約した言葉でもあったように思う。勿論Nさんはただ感じられたことを率直に言われただけである。だが、昌益についての深い理解が背景となっている故、私には厳しい言葉となって迫って来たのである。私はとっさに、もっとも大切なことを忘れていた自分自身に恥ずかしさを覚えた。私はただ単に資料を漁りに来ただけの我欲に満ちた人間ではないのか。昌益とは似ても似つかぬ全く逆の人間ではないのか。こんな気持ちで昌益を理解しようとしているとはどうしたことだ。それは根本からの反省を求める声となって激しく響いて来たのである。

次の日から私はあたふたとケース本を確認し始めた。中にコピーの入っていないものがかなりあった。それをチェックし出したのである。京都に帰って補充できるものは送ること、それがせめてもの私の務めであると考えたからである。今できることはこれしかない。心には明らかにのみ込まれそうな高波が繰り返し打ち寄せていた。

八戸では、昌益と関わりのあった場所にも足を運んだ。昌益一家が記載されていた延享三年の宗門改帳の願栄寺。現在はコンクリート製の近代的な建物で、このため周囲のくすんだ印象を与える墓地とは好対照を見せていた。八戸の知識人を集めて、昌益の講演会が行われた天聖寺。また、Nさん作成の当時の市街図と現在のそれとを対照しながら、昌益や彼の門人たちのかつての住居地を訪ねた。勿論現在は店舗などになったりしているのだが、足で確かめてみるとやはり距離感覚が身に付く。一時《いっとき》(二時間)ほどあれば、たとえば、ちょっと話などをしに出かけていく範囲はどれくらいのものか、それが見えてくるからである。

本八戸駅からの登りが切れた辺りから広がる三八城公園がかつての八戸城跡であり、この南側に上級武士の住んだ番丁が、さらに南側に、特権商人の多い八日町、三日町、十三日町が、そのさらに南側に、職人町としての朔日町、六日町（肴町）、十六日町（馬喰町）などが続く。そして、中、下級武士はこの町人町の南縁に、足軽は東の方の下組丁や西の方の上組丁辺りに住んでいた。ちょうど町人町が、武家町と足軽町とによって囲まれるような配置になっていることが分かる。そして、城の大手門から南に伸びる通りと、八日町、三日町などを走る表通りとが交差する辺りが当時の中心街で、このごく近くの櫓横丁に昌益の住まいがあった。同じ町内には、酒屋、質屋などを営む有力な商人であった中村忠平、その甥の中村右助が住んでおり、また、天聖寺へも歩いて五分程の所で、さらに、上田祐専（医師）、高橋大和守（白山宮神主）の家にも近い。人目を憚るのであればともかく、そうでなければ、日々これらの門人たちと顔を会わせることが容易にできた位置と言えよう。この櫓横丁の様子については次のようであったとされている。

「八戸城下の中心街の一角で、近くには魚の売り買いでにぎわう肴町が控え、しかも久慈街道を結ぶ通りに位置する当町は人馬の往来も相当繁《しげ》かったはずである」（高島成侑・三浦忠司『南部八戸の城下町』）。

高弟神山仙確の方は少し離れていて、昌益の家からは二十分程はかかると思われる上級武士の住む下番丁にあった。宝暦六年（一七五六年）に御側医本役となり、十八両二人扶持で百石格待遇である。この上級武士の住む番丁とその南側の町人町との間には、大手筋の黒門を始め、幾つもの木戸門が設けられ、厳重に区別されて自由な往来ができないように制限されていた。したがって、他の門人の場合のように簡単に足を運ぶことは難しかったであろう。ただ、八戸藩家老の治療にも関わった昌益であるから、医療についての相談ということにすれば多少の抜け道はあったかもしれない。

こうしてみると、昌益の住まいは八戸のほぼ中心で、日々、商人や職人や荷駄の行き来を、時には武士や僧の姿を眼にする場所であったことが分かる。八戸城下の人口は寛延・宝暦頃（一七四八―六三年）で七千人余りと規模の大きくない町だけに、いったん何か事があっても、その際の人々の動きの意味するところはよく判断できたであろう。それに、中、下級武士の屋敷を抜ければ直ちに農地である。鋭い観察眼を持つ昌益にとって櫓横丁は、この町名が示すごとく、封建体制の仕組みがコンパクトに捉えられる物見台にも似たものであったかもしれない。

また、祭礼行事に参加するため遠野南部藩から派遣された惣奉行、射手奉行、射手の三名が、祭礼に備えての精進潔斎の最中に暑気に当たり昌益の治療を受けた記録があるが、その祭礼の行われた櫛引八幡宮へも行ってみた。八戸の中心街から西へ一里程もあろうか。多くの高い木立に囲まれ、うっそうとした森といった印象を与えている。あいにく社殿は修理の真っ最中で広い範囲が立ち入り禁止となっていたが、近くには流鏑馬用の馬道があった。当時の位置とさほど変わりはないということであるから、射手もここを馬で駆け抜けたのであろう。昌益は自宅のある櫓横丁からこの神社まで診療に出かけている。暑い中かなりの距離である。それも一度だけではない。その後三人は回復して役目を果たすことができたので、八戸藩では薬代として金百疋《びき》を差し出した。ところが昌益は、お上の仰せ付けだとしてこれを辞退する。百疋とは約四分の一両である。一体どのような思いでこうした態度を取ったのであろうか。猪飢饉が起こる以前のことであるから、申し出のごとく、「お上」に対する批難めいた気持ちは強くなかったのかもしれない。あるいは、人道的な側面を強く意識したためであったかもしれない。いずれにしても、日頃の昌益の生活態度と連動していることは疑えない。金銭に対する彼の姿勢が垣間見得るようである。郷土史家の上杉修氏はこの昌益の態度に対して次のような感想を洩らしている。

「さすが安藤昌益だ。日頃弟子を教導していることを地で実行しておる。旅で病気しておる者を助けるのは医者の勤めだ。医は仁術と言うことはこのこと。安藤昌益の昌益たる所以を発揮してくれて、ここでも感心した」（「八戸と安藤昌益」八戸市立図書館編『安藤昌益』所収）。

一方、櫛引八幡宮とは逆に東の方へ足を向けると、半里もすれば海に出、さらに半里も行くと、うみねこの繁殖地で有名な蕪島に着く。私が訪れた時は既に雛がかえり飛び立った後だったが、島全体に白いうみねこの糞がこびりつき、その数の多さを示していた。小さな島であるから、ここに数万羽ものうみねこが集まればその光景はさぞや壮観であろうと想像された。昌益は「禽獣巻」の中で海鳥類について、「全黒・全白ト衆品有リ」として種類が多いことを述べているから、うみねこもこの類のものと判断されていたであろう。

このように八戸は海沿いの町であり、昌益も当然この海の匂いを嗅ぎ、また景色を眺めたはずである。時には食事に焼き魚が出たであろうし、大漁の際には櫓横丁の動きにも変化が生じたであろう。彼は、平地で田畑を耕作する者は穀物を、山里の者は材木や薪を、海辺の者は魚や塩を出し、これらをそれぞれが手に入り易くすることによって、皆が不自由なく生活することができると主張する（「糺聖失巻」）。つまり、米が昌益思想の中心を占めてはいても、地域差を視野に入れ、これを踏まえる必要性を強調しているわけである。勿論、昌益には諸国を見て回った数々の体験がある。だが八戸自体も、材木を切り出すような山からは多少離れているとはいえ、一応、平地や山里や海辺で生活するそれぞれの人々を、足を運べば見渡せる場所でもあったことは指摘しておいてよいであろう。櫓横丁といい、八戸の地理的位置といい、飢饉の続発といい、これらが昌益の思索の深まりに強い刺激を与えたことは間違いないように思われるのである。

六章　大館へ

大館へは十和田湖廻りのバスを利用することにした。昌益の場合は、このコースよりももう少し南寄りの峠を越えたと言われている。宝暦八年(一七五八年)、五十六歳の頃、八戸に妻子を残し単身大館に向かったのである。道すがら、昌益の脳裏には家族の者たち、あるいは仙確を始めとする八戸の門人たち、また、これから行こうとしている実家である孫左衛門家のことなどが次々と浮かんで来たであろう。勿論、手にした荷の中には医療用の鍼や薬などもあったに違いない。故郷の人々に己の医学を役立てたいとする思いも当然あったはずである。

安永寿延氏はこの昌益の大館移住の動きを、八戸での思想的活動に対する取り締まりが厳しくなり、門人にまで危難が降り懸かるのを防ぐためだと見る(『安藤昌益』)。稿本『自然真営道』が昌益自身の手によって完成を見る前に、仙確のそれに委ねられ編集された状況などを汲んでのことである。これに対して三宅正彦氏は、過去帳や石碑銘、墓石や大館二井田の一関家文書、聖道院覚書など、様々な角度からの検証を踏まえて、安藤本家の当主が死亡し、家産を失い、跡取りの子供もいないという状況が生じたので、家督を継ぐために昌益は帰郷したと見る（三宅正彦編『安藤昌益全集』第十巻）。そしてその後、次のようになったとの指摘をする。

「昌益が二井田村に帰る四年前の一七五四年には、孫左衛門家に所持高はなかった。しかし、昌益が帰村して三年後の一七六一年には、孫左衛門家は高持ちとなり、しかも所持高・当高を急激に拡大し、村役人層の境に到達した」（同前）。

ここで注目したいのは、八戸での状況がどうであったにせよ、ともかく昌益は故郷に帰って実家を継いだという点である。それもその後の家産の回復という事実を伴っている。彼は実家の没落を目の当たりにして、その再興に必死に力を注いだということになる。恐らく八戸在住の時から実家の状況は十分把握していたであろう。また、二井田からの連絡を受ける度に、幼い頃慣れ親しんだ家の佇まい、周囲の景色などが次々と思い浮かんでいた筈である。これらのことは、六十に近い男の胸を締め付けるように揺さぶったに違いない。そしてここには、彼の、「家」というものに対する強い思い入れが潜んでいたと見てよいのではないだろうか。

一般的に、近世日本社会において「家」は、それ自体が社会的機能（家業）、名（屋号）、名誉（家柄）、象徴（家紋）、財産（家督）、代表者（当主）を有しており、代表者の交代は「家を嗣ぐ」と表現され、その地位を譲ることは「隠居」と言われた（渡辺浩『近世日本社会と宋学』）。「家」は継ぎ、守ってゆくべきものとされたわけである。昌益の孫左衛門家に対する視線にも、これに近いものがあったと見てよい。ただ昌益の場合には、当時人間の寄るべき道として唱えられた五倫――父子の親、君臣の義、夫婦の別、長幼の序、朋友の信――に対して、夫婦、親子、孫、兄弟姉妹、従兄弟の五倫を主張し（「人倫巻」）、一組の男女から連綿と続く人間の繋がりの道を対置させている。つまり家族、一族という側面がより強く意識された「家」。この存続を昌益は重視したということである。

結局、昌益は孫左衛門家を継いだ後養子を貰うことになる。八戸に妻子を残して出立した時から、既にこの方針は固まっていたと見るのが自然である。実の息子の秀伯は医師を目指し修業の身である。敢えて新たに農業に携わることは無理というものであろう。昌益の中に息づく天子である農民への道は自分自身が引き受けるべきだ。自分が農民の中に入って共に生きよう。昌益はそう決断したのではないだろうか。

八戸が広々とした印象を与えたのに対し、十和田湖を経て大館に向かうにつれて、次第に山里の色合いが濃くなってきた。バスの通り道に数軒の家が並んで現れては消え、しばらく山や谷川が続いたかと思うと、また民家が現れるといった調子である。ある集落では、バスを見つけた子供たちが一斉に歓声を上げて追いかけて来ることもあった。バスの通る回数が少ないのであろう。土埃にまみれた時刻表がバス停近くの民家の軒に下げてあり、そこには飛び飛びにしか数字が書かれていないのが見えた。また何度か、まだ丈の短い杉の木が山頂に向かって等間隔に植えられている斜面にも出くわした。モザイクのようで美しいが、それらに視線を送りながら、私は祖父と共に植林をした時のことを思い出していた。

「根はこっち側に向けるんやぞ」

掘った穴の中へ杉の苗木を据えながら注意する、祖父のきつい口調が耳の中で響いていた。

山の木は四十年も経てば、自宅の建て替え、あるいは売却のために切り倒され、その跡には新たに植林を行うのが一般的である。この植林の前には、まず、一帯の雑木や下草を刈り取って準備を整えなくてはならない。それから、苗木同士の生育に差し障りのないように一定の距離を置いて等間隔に穴を掘り、そこに泥土を入れて根を包み、その上に山土を落としながら苗木を一本一本植えていくのである。その際注意しなければならないのは、根の向きと苗木の角度である。特に角度は山の斜面に惑わされ、子供の私には何度も確かめなければならない手間のかかる作業であった。真っ直ぐ伸びるように垂直に立てる必要があるのだが、どういう角度がそれになるのか迷うのである。そうしているうちに祖父はどんどん作業を進め、上の方に登ってしまっていて焦ったものである。

途中、湯治場も幾つか見かけた。建物の二階の手すりにタオルが掛けてありすぐにそれと分かる場合や、居合わせた人の身なりから判断できる場合など色々であったが、私はそれらを目にして、田の草取りや稲刈りの後、身体を休めるために周辺の湯治場に出かけて行った集落の人たちのことを思い出した。そういう時は決まって、一仕事を終えた安堵感と非日常への誘いからか、誰もが浮き浮きした気分の伝わって来るような表情をしていたのを子供心に覚えている。恐らくここにも同じような人々が集まって来ているのであろうと想像された。あの時のように、稲の育ち具合や気候のこと、子供や孫のこと、祭りのこと。それらについてのいろんな会話が湯煙の中に広がっていく様を思い遣った。

大館は秋田佐竹藩の支城地であり、昌益の時代から出羽北部の中心となっていた。現在も同様で、周囲に鉱山を控えその関係の人たちの出入りが多いという。私は当初、大館盆地とあるので故郷のそれに近い姿を思い浮かべたが、予想は見事に外れた。はるかに広いのである。勿論山はあるにはあるのだが、出羽山地の端、その北方を米代川が西流し、これに沿って日本海に向かって大きく開けてゆくような地形なのである。大館市はこうした盆地の東寄りに位置する。長木川を北にしてその南側の高台に支城地跡（桂城公園）があり、近くに市役所、合同庁舎、市民会館などが集まっている。米代川は市の南方を通り、西方で長木川の流れを受け入れる。また、昌益の移り住んだ二井田は、この大館の市街地から南へ一里ばかり、支流の犀川が米代川に注ぎ込む辺りにある。

私は大館に着くと八戸で教えられた通り、さっそく国道七号線を挟んで桂城公園の西側にある市史編纂所を訪れ、そこで調査資料第十四集を分けていただいた。奇しくもこの編纂所の場所は、昌益の発見者である狩野亨吉氏のかつての自宅跡と目と鼻の先である。彼は八方手を尽くして昌益の身元を探ろうとしたが、志半ばで亡くなっている。渡辺大濤氏は「安藤昌益の身元と遺稿につきて」の中でこう触れている。

「秋田城都の住と昌益の著書に明記してあるのだから秋田に住んでいたことは確かであるが、秋田人物伝にもその名がない。そこで狩野博士はもと報知新聞社にいた中村木公氏（後の秋田新聞主筆）を介して秋田魁新聞主筆安藤和風氏に昌益の捜査方を依頼された。和風氏は博学能文の人であるが自分も安藤姓であるから特種の興味を持ち、新聞紙上でいろいろの方法で秋田県人に呼びかけられたが何等得るところがなかった」（『安藤昌益と自然真営道』所収）。

もし狩野氏が、昌益の生誕地が自分と近在であり、晩年になって故郷に戻り過ごしたことを知れば、どんなにか驚いたことであろう。独特の昌益の文章は、優れた漢学者であった狩野氏でなくてはその真に意味するところを理解できなかったように思うが、そもそもこの狩野氏と昌益の著作との出会い自体が不思議な縁で結ばれている。さらにその上に、同郷の者が昌益の発見者であったとは、よくよく何かの配慮を感じざるを得ない心持ちになる。

ところで、五十ページ程のこの資料には、昌益の大館二井田村での活動の一部を示す「掠職《かすみ》手記」や石碑銘、これらの発見者である石垣忠吉氏の解説が掲載されていた。以前にも述べたので重なる部分があるかもしれないが、ここでもう少し詳しく触れておくことにしたい。

「当所孫左衛門と申者安藤昌益目跡ニ御座候処、昌益牛之年十月十四日ニ病死仕候」（大館市史編さ

ん委員会『安藤昌益その晩年に関する二井田資料』)。

「近年昌益当所へ罷出、五年之間ニ家毎之日待・月待・幣白・神事・祭礼等も一切不信心ニ而相止、其外庚申待・伊勢講・愛宕講杯も相止メ、……」(同前)。

「牛之年」とは宝暦十二年(一七六二年)のことである。「近年……五年之間」とあるから、昌益がこの二井田村に来たのは一七五八年頃となろう。「掠職手記」とは、各種の神事や祭礼をやめさせたことが一番の関心事であったろうが、その他に、昌益三回忌の法事に魚料理を振舞ったこと、昌益を「守農太神」として崇め勝手に神号を用いたこと、古伊勢堂社地に許可なくこの神号を刻んだ石碑を建てたこと、これらを引き合いに出し批難した掠職側の調査の記録である。掠職とは神事を取り仕切っていた神職のことである。真相糾明のためとして掠職側が頻繁に呼び出しをかけ、農民側がのらりくらり、あるいは神妙に対応する様が述べられる。石垣氏の解説によれば、こういうことになる。

「できるならば門弟衆の名を伏せたままで、そして守農太神の石碑を伊勢堂古社地から取払い、打砕くことにして一件を解決したいとする肝煎与右衛門や、肩ひじいからしたものの、表沙汰にした場合やその他で、掠職身分のこと、子孫法行のことが何とも気になる自分の心の動揺、それらがのぞき見られる手記である」(同前)。

寺において魚料理を食すという程度のことであればまだしも、慣例化した神事や祭礼をやめるということは、一般に村、あるいは集落という共同体の繋がりを一変してしまうできごとである。たとえば、農作物の取り入れを終え秋祭りに参加することは、収穫の喜びや感謝の気持ちの表明のみならず、地域の一体性を確認するためのものでもあるだろう。これを毎年毎年繰り返していくことにより、共同作業を必要とする農耕社会などは成り立っているからである。

私事になって恐縮であるが、前にも触れたように、父を亡くした私が引き取られた先は山奥の小さな集落であった。そこでの秋の氏神様の祭りでは、勿論年によって変化は伴うが、しかし少なくとも、次のような耕作に関する会話だけは決まって交わされたように記憶している。

「今年ゃ、どうやったな」

「まああやったんでねえか。雨が少ないで心配しとったが」

「そうやな。照る方はよかったでなあ」

「来年はもうちょっと水が回るようにしとかんとだしかんな」

「そうやなあ。おれんとこでも足らんぐらいの時があったでな」

つまり、川から水を取り入れ、用水路に流し田に引くのだが、上流の方に位置する田は十分であっても、下流になるにつれてそれぞれの田に順々に水が取られ、しだいに減少していくのである。したがって、日照りの日が続く場合であっても、下流の方の田にも行き届くように川から引く水の量を集落全体で常に考えておかなくてはならない。そのためには、皆で作り上げる取り入れ口の堤をどの程度のものにするかにも配慮が必要となる。このように、一つの集落は田の水一つ取ってみても堅く結び付いているわけである。むろん田植えや稲刈りについても似たような会話が交わされるのは当然である。共同作業の確認、「来年もよろしくな」という暗黙の了解がここにはあるのだ。そしてこの了解は、神事も祭りもすべてをひっくるめた状況の中で成立しているのである。

勿論この例は昭和三十年代のことであって、時代は異なり、その上場所も違う。だがそれでも、農業技術が未熟であった江戸中期においてはより一層の共同作業が必要であったのは間違いなく、入会権、水利権などを通して結び付きもより強固なものであったろうと推測される。こうした状況のもとで昌益が村の慣習の一部でも切り崩したということは、二百軒を切る規模のこの村全体を激しく揺さぶるものであった筈である。ということは、裏を返せば既にかなりの賛同者が村内にいたということを意味しよう。昌益の門人には二井田の有力農民たちが名を連ねていることが分かっているから、恐らくその長である肝煎与右衛門も暗黙裏に了解していたと見てよいだろう。これらの一連の動きを踏まえて農民たちの気持ちを代弁すれば次のようになろうか。

――掠職側が取り仕切る祭りなど、負担が増すばかりで苦しいだけだ。まして、このように不作、凶作が続く中ではたまったものではない。収穫を終え、ほっとして笑顔で一年を振り返る祭りなどはるか昔のことになってしまった。今はこの冬が越せるかどうかさえ心許無いのだ。こんなに必死に働いているのに俺たちの暮らしは一向に良くならん。いや、百姓とはもともとこういうものだと皆思い込んできた。ところが、昌益先生は俺たちのことを天子だとおっしゃる。耕す者こそ一番尊いのだと。なるほど、人は食わなければ死んでしまう。その大切な食糧を作っているのが俺たちだ。だったら、俺たちはもっと誇りを持ってよいのだ。百姓はもっと自信を持ってよいのだ。皆で話し合って村のことは決めていく。何もかも今まで通りにする必要はどこにもないのだ――。

昌益の死は村人にとって、大木が倒れるが如きものであったろう。農民を天子と呼んで励まし、病気になれば献身的な医療を施してくれ、悩みには親身になって応じ、ユーモアを交えた会話によって笑いを引き起こした昌益老。昌益を、昌益の教えを忘れないためにも、石碑を建てて永遠に残るものとしようと決めたのは、ごく自然な流れであったように思う。

これに対して掠職の方は、自分の子供たちの生業、後々の村人たちとの関係を思い遣って心配この上ない状態であったろう。同じ村の中で共に生きている以上、高飛車な対応だけでは済まないことは重々承知であったし、また、もし公にでもなれば（藩の上層の知るところとなれば）、管理の不行届で役職の解任という事態も起こりうると心の内では考えていたかもしれない。肝煎与右衛門も、掠職側の思いの外強い態度に驚くと同時に、この事件を穏便に済まさねば藩から村人に厳しい仕置きが課されるやもしれぬという不安がよぎったであろう。結局この事件は、守農太神の石碑を郷中で引き取って打ち砕くこと、古伊勢堂社地を元通りにすること、門弟衆が寺、掠職、郷中に詫びること、孫左衛門家を郷払いにすること、などで一応の決着を見ることになる。これは農民側の敗北と言ってよい。当時の支配体制はそれほど強力であったということである。ただ昌益は、こうした状況を百も承知であった。生前中から繰り返し次のように述べている。

「吾レ転ニ死シ、穀ニ休シ、人ニ来ル、幾幾トシテ経歳スト雖モ、誓ツテ自然・活真ノ世ト為サン」（「大序巻」）。

――私は死んで天に帰り、やがて穀物で休息し、再び人となって現れる。どれほどの年月を経ようとも、必ず自然・活真のままの世にしてみせよう――。

ここには、私欲に満ちた支配体制を変革するには多くの時間を要することが明示されている。それまでの間、人々には数多くの困難が押し寄せるのを見通しているのだ。そして、この記述から得られる重要な点がもう一つ。魂の不滅である。

人間は死ぬと肉体は滅び、魂は一旦天に帰る。やがて穀物からエネルギーをもらって再び人間に生まれ変わるのである。昌益は穀物の精から人間が生じると繰り返し述べるが、それはこのことを指す。彼が作り上げた漢和辞典である「字書巻」中でも、「穀ニ休シ」の「休」について、「休ハ人ヲ木《イカス》、木ハ気ニシテ木《イカス》ナリ」とあり、「休」を人を生かすことと捉えている。エネルギーを与える穀物がなければ、人間は再生しないし、また生きてもいけないわけである。

　したがって、諸々の宗教行事の中止という動きは既成宗教に対する不信心であって、唯物的な無神論の浸透というようなことではない。その証拠に村人たちは「太神」の称号を昌益に送っているではないか。実際問題として、日々自然を相手にして生活を営んでいる農民たちは自然に対する畏れを持ち、それは素朴な信仰心へと繋がっていた。これが土台となって既成宗教は支えられているわけで、この土台自体を否定するものであれば、農民たちへの受け入れは困難である。もう少し砕いて言えば、つまり、既成の神事は重い足枷となっており、それよりもむしろ昌益の教えの方がはるかに魅力的で、頼もしく映ったに違いないのである。長い間培われてきたこの土台と昌益の教えとの間には、決定的な対立は生じなかったと言うことになろう。

　また、この調査資料第十四集には、石碑に刻まれた銘文が掲載されており、漢文で三十三行になるものである。ただ、「掠職手記」には「石碑十五行」とあるが、これは石碑への掲載上の都合でこういう形になったものと思われる。で、この冒頭部分（一行―十二行）について、少し気になる所があったので触れておくことにしたい。まず、要点を述べれば次のようになる。

一、先祖に安藤与五右衛門という者が出て農業に大いに寄与し、一帯を農業の盛んな所としたこと。以来十代以上にわたって、安藤家自体も順調に推移してきたこと。

二、ところが与五作という者が出て、彼が過ちを犯し先祖をないがしろにしてからは事態は一変し、親類一同までもが隣国や他国への離散の憂き目に遭ったこと。

三、その後、初代から数えて八百二十余年、四十二代目にして孫左衛門（昌益）という者が生まれ、一旦は他国で暮らしていたけれども、農業を興した先祖のことを思い、心血を注いで実家を再興し、没落していた家名を挙げたこと。したがって「守農太神」と呼ぶにふさわしいこと。

つまり、古い家柄の安藤家は農業に精を出し繁栄していたが、ある時期没落の憂き目に遭い、その後昌益の代になって再興がかなったという流れについて書かれているのだが、気になるのは「他国走」（一旦は他国で暮らしていたけれども）という記述である。与五作の場合は「悪逆起（過ちを犯す）」という理由が付与されているが、昌益の「他国走」には何もない。また、前者の場合は、「離散」という結果が明示されているけれども、後者にはそれもない。その後の調査で判明したことであるが、孫左衛門家が肝煎・長名百姓として登場するのは一六七三年以前で、これ以降は下降状態に入っていたので（前掲『安藤昌益全集』第十巻）、口減らしのために他国へ遣られたということであろうか。

しかし、隣国ではなくて他国というのがどうも引っ掛かる。また、昌益の叔母が綴子村坊沢（二井田から西方へ五里程）の肝煎の家に嫁いでおり、昌益二十三歳の時、この肝煎が権力維持のため、村民の負担で藩の役人たちに貢物をしていたことから騒動が持ち上がった。結果は、代官所に訴えた坊沢の農民二十一名が処分され、うち五人が刑死するという事態を招き、昌益にも何らかの影を落としたであろうという（稲葉克夫『安藤昌益』〈国際シンポジウム記録〉）。

私が大館を訪れた当時は、こうした知識は持ち合わせなかったが、この「他国走」という表現はどうにも気に掛かったのである。自分の意志ではなく、何か大きな力によって故郷を離れざるを得なかった背景が隠されているのではないか。「他国住」や「他国在」ではなく、「他国走」と二井田を去る際の状況がわざわざ刻まれたのには理由があるのではないか。

私には再び幼い頃のことが思い出されてくる。引き取られた私は周囲からは常に六助の孫と呼ばれ、本名の一博という名ではほとんど呼ばれなかった。六助というのは母の実家の屋号である。

「お前が六助の孫か」

それが分かるだけで相手は納得して話をし出す。

「わしはおまえんとこのじいちゃんと同い歳やでな。前の爺《じ》さまとうちの爺さまも同い歳やったんやぞ」

すぐさま私の知らない人物が今も生きているかのように登場してくる。

「今のじいちゃんはいさどいで（働き者だから）、田んぼも増やして、身上もようなってな。牛小屋でも立派にしてござるで。前の爺さまがござらっしゃったら喜ばっさるぞ」

時間が長い尺度で測られ、二代、三代に渡る流れがごく自然に目の前に取り出されるのである。この屋号の中に身を置くだけで余所者のレッテルは弱められ、当人はその土地の生活にすんなりと入ってゆける。こうした時、私は屋号というものの不思議な力を身をもって感じたのである。伝統の力というのであろうか。

昌益の場合も、孫左衛門と言った方が当然通りが良かったはずである。ましてかつては肝煎クラスの家柄であったというから、よりスムーズに二井田に溶け込めたであろう。そして周囲の人々は、今は没落していても以前は違ったという視線で孫左衛門家を見ていたに違いない。現在だけの状況を取り上げて判断してしまうなどということは決してしないのだ。そしてまた、昌益が二井田を去った状況も瞬時にして思い出したはずである。その間の事情について村人たちは熟知しており、それ以上には触れないという暗黙の了解が存在したのではなかったか。「他国走」以外には何も刻まないという形をとったのは、それなりの理由があったように思われるのである。

もう少し推測を許していただきたい。故郷を去る際に昌益の胸に仕舞い込まれた震えるような淋しさ。いや、「捨てられる」という痛切な悲しみ。それは彼の心の奥底に深く深く沈殿していった。夜中にふと目覚めた時など、何かの拍子に締め付けられるような思いとなってこの悲しみは頭をもたげてくる。故郷の変わらぬ様子。そこで共に暮らした父、母、兄弟、友の顔。それらに、あの時の、手荷物一つの己の姿が二重写しになって迫って来る。人には定めというものがあるのか。これからは己一人で生きてゆかねばならぬ。悲しみや苦しみや辛さで固められた重しが両肩に圧し掛かり、逃げるようにして飛び出した姿がくっきりと浮かんで来る。いつの間にか両の手は、握りこぶしとなっている。じんわりと汗をかいている。それでも、少し時間が経過すれば、それらは再び遠い過去へと波のように押し戻されてゆく。昌益には、こんな繰り返しが常に否応なく生起して来るのであった。やはり、あの時の思いは骨身に染みて少しも離れないのだ。そうして今、飢饉によって農民たちがばたばたと倒れ、眼前に夥しい餓死者を目撃した時、昌益の身体は激しく震えていた。身体の底から突き上げる思いと共鳴していた。自分と同じように、打ち捨てられた人々が累々と横たわっているのだ。苦痛で歪んだ死体の口元を凝視すれば、彼らの叫びが手に取るように分かるのである。この叫びを、この人間の叫びを私は引き受けねばならない。これこそが私に課せられた役目なのだ。この時昌益は、彼の今まで歩んで来た道程の意味をはっきりと理解したに違いない。全てはこのためであったのだと。

その晩、宿の人から高橋竹山氏の演奏会があると聞かされた。津軽三味線の名手としてその名は響いている。場所は支城地跡である桂城公園であった。宿とは目と鼻の先である。私は出かけてみることにした。いざ演奏会が始まると、会場内は同じ東北人という気安さがあるのか、私が以前京都で聞いた時の雰囲気とはまるで異なっていた。言ってしまえば、のっけから家族的な、ざっくばらんな雰囲気に包まれているのである。特に演奏の合間には、竹山氏の口からはぽんぽんと津軽弁が飛び出す。それに合の手を入れるように会場からはどっと笑いが起こる。弾き手と聴衆とが、底の方で太く結ばれて一つになった感があった。

私は津軽弁がよく分からないので人々の笑いにもなかなか付いていけなかったが、二、三曲弾いた後、三味線を膝の上に置いて竹山氏が、

「三味線は楽しんで弾くもんではねえ。何にもすんことがねえから力のかぎり弾くもんだあ」

というようなことを確か言われた気がする。それから、

「たまには尺八も吹くといいべさ」

と言って、今度は三味線を傍らに置き、布袋に入った尺八を取り出した。会場は一瞬静まり返った。そして音が流れた。

私はその音色に忽ち震えるほどの感動を覚えた。澄み切っていて、本当に否応なく心に染み入って来るのである。会場のあちこちで「あっ」という声にもならない叫び声が上がった。皆の心が確かに震えているのだ。竹山氏には、恐らく尺八にも三味線と同様の思いが自然に働くのではあるまいか。つまり、息を吹き、手を動かすことしか思い浮かばないから、ただ、吹き、動かすということだ。それにしても、「何もすることがない」ことから、こんな力が湧くものなのか。これは、楽しむという欲さえ捨てた強さと言うべきであろうか。ちょうど夜空にはくっきりと月が浮かんでいて、音はそれに向かって吸い込まれていくようであった。

昌益の思想にもまた同様の力があるのだろうか。私はいつしかNさんの言葉を誘われるようにして思い出していた。

「やっぱー、昌益さんは偉かったなすー」

昌益の墓のある二井田はすぐ近くである。だが、今はまだ昌益の墓の前にはとても立てそうにない。お前はまだ未熟者だ。尺八の音はそう語り掛けるように響いていた。

七章　修士論文の完成

東北から帰って、今度は昌益を、医師としての昌益、人間としての昌益という側面から接近してみようと決めた。食糧の重視や互性の視点など、医師としての観察眼が随所に働いていること、また、これらの背後には昌益の人間としての思いが凝縮されていることを、東北でまざまざと感じ取ったからである。そしてこの立場に立つと、これまでの昌益研究に対しても根本的な疑問が生じるように思われた。つまり、「封建社会の敵対者」、「ユートピア思想家」、「近代思想の先駆者」という昌益に与えられた呼称が示す通り、思想史の流れの上に彼をどう位置づけるかに余りにも関心が向けられてきすぎたのではなかったかという点である。たとえば家永三郎氏はこう述べている。

「その前後に例のない徹底した封建秩序否定論が、『男女は上下なく一人なり』『妻有りて他の女を淫す、禽獣なり。夫在りて他の男に交る、又禽獣なり』という男女平等の主張をもふくめて、他のいかなる同時代の思想よりも、近代思想の基本論理を先取する性格をもっていたことは、特筆大書されてよいのではなかろうか」(『封建社会における近代思想の先駆』)。

実際、十八世紀の半ばに男女平等を唱えた思想家は希有である。思想史の流れから突出した部分にとまどいを覚えるのは当然であった。したがって、その位置づけを捜そうとするのは自然な成り行きであったろう。だが、独創的な思想内容であるだけに、昌益にふさわしい位置づけを見つけるのは容易ではない。様々な研究がなされたがなかなかうまくいかない。その結果、次第に、傑出した人物ということで時代との関わりを求め、先に述べたような呼称が与えられることになっていったわけである。

しかし、そうは言っても一方では、昌益は八戸櫓横丁で町医を開業し、己れの思想を理解する門人たちを周辺に持っていたことも事実である。いや、それだけではない。江戸、大阪、京都といった場所にも昌益思想の信奉者は存在したのである。武士、医師、神官、町人と身分も様々である。それに、稿本『自然真営道』中の「良演哲論巻」の討論記録からは、各人が昌益の思想を十分に理解していたことがうかがわれる。その一部を挙げてみよう。北田静可が言う。

「男女ハ小ナレドモ転定ナリ。転定ハ二別無ク、男女・一人ナルハ備ハリナリ。故ニ万人ニアラズ、一人ナリ。一人ナル故ニ上下ヲ指ス所無シ。人ノ上下無キ所以ハ、転定・一体ナレバナリ」。

――男女というのは小さくても一つの小宇宙である。この天地宇宙において天と海を切り離すことができないように、男と女の両者があってこそはじめて人としての意味を持つのであって、これが自然の備わりなのである。だから多くの人がいようとも、まず男女で一人ということを知らなければならない。男女で一人であるからそこに上下の差別などありはしないし、そもそも人に上下の差別がないのは天と海が一体であることからも明らかなのだ――。

また嶋盛慈風が言う。

「世人ヲ貪ル者ハ心施《しんし》ヲ盗ム。己業ヲ怠ル者ハ窮シテ盗ム。法ヲ立ツル者ハ転道ヲ盗ム。道ヲ盗ム者ハ上ニ立ツ。此ノ四ツノ者ハ、皆盗ミナリ」。

――人々に寄生する者はお布施をたかる。自分の仕事を怠る者は困窮して盗みをはたらく。法を作り上げる者は自然の営みを私物化する。この私物化を推し進める者は上に立って支配者となる。以上の四種類の者たちは、すべて盗みを犯しているのである――。

男女がこの世の中の基本であること、したがってそこにいかなる差別もあってはならないこと、万人と捉えると男女の尊厳性が失われ、延いては人間そのものの差別に行き着くこと、さらに、幕藩体制が自らの生活基盤を他に依存するための仕組みであること、その頂点には上に立つ将軍がいること、これらをはっきりと見て取っている。いずれも昌益思想の根幹であり、両者が深い理解に到達していたことが分かる。また、大館でも有力農民の門人ができた。いや、むしろ二井田農民の多数が昌益思想の信奉者であったと言ってよかろう。「掠職手記」の内容は、掠職側と農民側との対立の様相を明らかに示しているからだ。そして昌益死後、石碑まで建てられたのである。程度の差こそあれ、同時代の人間の理解を得た昌益思想をもっぱら突出したものとして捉えるだけでは不十分なのではないか。一面むしろその底で、周辺としっかり結び付いていたのではなかったか。人間昌益への接近が、その結び付きを解明する糸口になればとも考えたのである。

私は昨年提出した論文を人間昌益という視点から、改めて捉え直すことにした。前半では、昌益思想の二つの柱である「直耕」と「補完（互性）の論理」の分析を行い、彼の思想体系全体を眺めた。後半では、昌益の思想形成の跡を辿ることにし、より一層人間昌益への接近を計ることにした。ここでは、論文の内容をただ単にまとめて述べるようなことは差し控え、それよりは昌益の視線を追いながら、思索の深化過程に順々に焦点を当てていく、私なりの捉え方に触れておくことにしたい。

では、前半部分について。まず、直耕にしても補完の論理にしても、医師としての体験をその基礎に置いていることは明瞭である。たとえば顔について見てみよう。どんな患者を診察しても、身分の上下によって眼、舌、鼻などの諸器官の数が異なるわけではない。そこで昌益はこう述べている。

「面部ノ八門ニ於テ二別《にべつ》無キコトハ、是レハ上《かみ》ニ貴キ聖王ノ面部トテ、九門・十門ニ備ハル者無ク、是レハ下賤《しもいや》シキ民《たみ》ノ面部トテ、七門・六門ニ備ハル者無ク、面部ニ大小・長短・円方ノ小異《しょうい》有レドモ、八門ノ備ハリニ於テ、全ク二別有ルコト無シ」（「大序巻」）。

ここでいう八門とは、瞼、目玉、唇、舌、鼻、歯、耳殻、耳穴のことである。昌益は次いでこれらの八門の相互関係に視線を注ぐ。

「鼻ノ内へ引キ収メテ動キテ嗅グハ唇ノ性ナリ。唇ノ動動トシテ語ルハ鼻ノ気通ノ性ナリ」（同前）。——「嗅」の文字は、原文では口偏が鼻偏になっている——。

匂いを嗅ぐ時には唇を閉じて鼻を動かす。逆に、唇が動いて語る時には鼻で通気が行われる。どちらが欠けてもこれらの器官はその用をなさない。そこで昌益は、唇と鼻との間には互いに影響し合う関係があると見た。この関係は瞼と耳殻、目玉と耳穴、舌と歯の間においても然りである。じっと見詰める時には聞く方は疎かになり、よく聞き取ろうとする場合には、瞼を閉じて見る働きを休ませ、音のする方向に耳殻や耳穴を傾ける。舌で味わう時には歯の噛む回数は押さえがちになり、そうでない場合には逆になるのである。現象をただ単に観察するだけでは捉えられないこうした機能的な側面への着目は、明らかに医師としての視線を含んでいると見てよいだろう。そしてこの点に関しても、人によって何ら違いは認められないのである。

昌益はさらに観察対象を広げ、人が日々口にする食糧に対しても眼を向ける。自明のことであるが、人は食べなければ間違いなく死ぬ。食べられない苦しみは飢饉の有様を見れば一目瞭然である。つまり、人は食糧を口にし、それが体内で消化されエネルギーとなることによって生きている。これは生きとし生けるものを貫く法則であり、昌益が口を酸っぱくして繰り返すところだ。

「若《も》シ凶年ノ如ク、煮熟ノ穀菜ヲ食ハザル則ハ、飢エテ、神情・行業忽《たちま》チ止ミテ人心《ひとごころ》無ク、已《すで》に死ナント為《ス》」（同前）。

昌益はここでも「煮熟ノ穀菜」と医師の視線で指摘するのを忘れない。これが人間の食糧として、消化の面からもふさわしいからである。飢饉においては食べ物が不足し、やがて枯渇し、雑草までをも口にするようになり、次第に体力を消耗してゆく。そして、もはや人間の判断力が消え失せるところまで追い詰められ、終にはばたばたと倒れてゆくのである。

以上のことは、当然のことながら、身分の上下を問わず、また釈迦であろうと孔子であろうと一切免れることはできない。たとえ出家をしたからといって何も食べないわけにはいかないからである。

「是レ穀ヲ食ハザル則ハ死ス、何ヲ以テカ説法シ仏トモ悟リトモ為スベケンヤ。釈迦ヲ始メトシテ穀ヲ食ハズシテ一言デモ為スベキカ。只穀ヲ食ヒテ満腹シ、精神・心気血盛ンナル所ニ思案モ出、心ノ働キ、説法モ成リ、悟リトモ成リ仏トモ成ル」（「紀仏失巻」）。

——そもそも穀物を食わなければ人は死ぬのであって、そうなれば説法とか仏とか悟りとか言ってみたところで何になろう。釈迦を始めとして、穀物を食わなければ一言も発せないであろう。ただ穀物を食って腹を満たし、気力や血の巡りが活発になってこそ思考が可能となり、心も働き、説法もできれば悟りとか仏の境地とかいうことにもなるのである——。

ここまで来れば、生きるという厳然たる事実の前に聖人の立てた差別（二別）はすっかり色褪せたものとなる。鮮やかな袈裟も、人を圧するような門構えも、従者を引き連れて辺りを払うように進んで行く行列も、何と滑稽な振る舞いであるかと見えてくるであろう。

だが産科医でもあった昌益は、さらに、男だけでも女だけでも続いていかない人の世を凝視する。この世がとにもかくにも今日まで連綿として続いてきたのは、子が生まれまたその子に子が生まれという営みがあればこそである。とすれば、男女の交合はきわめて重視されるべきものとなる。

「男女ノ神感、相和合シテ交通ヲ為シ、互ヒノ神気動動シ極マリ、互ヒノ精水洩レ出テ妙合シ、女腹ノ子宮ニ溜《たま》ル」(「人倫巻」)。

昌益は交合を二つの面から捉える。一つは、男女の思い(神)が通じ合い触れ合って互いに高まり合うという精神的な側面。もう一つは、互いの精水が洩れて混じり合い子宮に付着するという肉体的な側面である。つまり、精神的、肉体的両面の結び付きが得られて初めて、真の交合がなされるという点を強調するのである。

ここには女性が男性に従属するというような差別は一切なく、相和合する男女は二人で一人であり、一方がなければ他方もない関係の中で捉えられている。側室や遊女の制度を手厳しく批難するのは当然であろう。昌益はこの記述に続いて、生まれる子供が男か女かの違いも次のような観点から判断している。

「此ノ妙合スルニ自《ヲ》ヅカラ進退ヲ具フル故ニ微《わず》カノ先後有リ。微《すこ》シク男精先ダツテ女精後《おく》レテ之レヲ包ム則《とき》ハ女子ト為ル、女精先ダツテ男精後レテ之レヲ包ムトキハ男子ト為ル」(同前)。

男女の精水が結合する際に、どちらが先でどちらが後かだけが問題とされている。ここにも差別は一切ない。したがって、不妊についても当然男女は平等に取り扱われ、その原因はそれぞれにあるとみなされることになる。たとえば、男の腎機能が弱っているとか、妊婦が身体に害のあるものを食し体調を崩したとかいったことが指摘されている（同前）。

当時、子をなさぬ妻女は離縁をしてもよしとする教えが広く流布していた。十八世紀初頭に成立した『女大学』には、同姓の子を育てたり、妾の子がある場合はその限りでないとの条件は付いているが、

「子なき女は去るべし。是《これ》妻を娶《めとる》は、子孫相続の為《ため》なれば也」

と教えていた。こうした考えが改まるには百年余り後を待たねばならない。多少ニュアンスは異なるが、福沢諭吉（一八三四―一九〇一年）の時代になってようやく次のような批判がなされている。

「子なき女は去るといふ。実に謂はれもなき口実なり。……夫婦同居して子なき婦人が偶然に再縁して子を産むことあり。多淫の男子が妾など幾人も召使ひながらつひに一子なきの例あり。それらの事実も弁《わきま》へずして、この女に子なしと断定するは、畢竟《ひっきょう》無学の憶測といふべきのみ」（『女大学評論』）。

ただこの福沢の論にしても、女性に子供ができるかどうかは早合点するなという思いが含まれていて、

昌益の主張と比較すると、その男女平等の徹底性において今一歩という観がある。やはり、昌益の先見的な、鋭い切り口が際立っていることを認めないわけにはいかないであろう。

こうして人間について得られた昌益の視線は、確信をもって他の生物にも向けられてゆく。

「穀ヲ始メ凡《すべ》テ草木ハ、根ハ頭《かしら》、中直ノ太茎ハ身、枝ハ手足、葉ハ衣類、枝葉ノ間ニ実《み》ヲ結ブ所ハ陰門、花咲ク時ハ男女ノ交合、子ヲ結ンデ熟《う》レ収《と》ラザル間ハ懐胎ナリ。熟シテ自リ落チテ殻《カラ》ヲ開クハ平産ナリ。敢ヘテ人ニ異ナルコト無キハ、而モ人ノ親為ルヤ」(「人倫巻」)。

ここで注目すべき点は二つある。一つは根が頭であるという主張。もう一つは、穀物を始めとする草木は人を生み育てるもので人間にとって親に当たるというそれである。前者では、養分を重視する立場からこれを吸収する働きを行う根の方を頭と捉えており、ちょうど人間と逆の形になっている。これは、上から下への通気によって人間が生じ、下から上への逆気によって植物が生じるとする流れを踏まえたものである。後者では、通気↓横気↓逆気↓通気というサイクルによって穀物のエッセンスから人間が生まれたという前提のもとに、人間に対応した表現が植物に適用される。むろん、このことはただ単に類似性を強調してそのまま投影されたということではない。ちょうど果物を食べてビタミン類が摂取されるように、これらは人体において取り込まれるものを持っているということ。つまり、広い意味で同類のものという考え方がここにはあるわけだ。言い換えれば、食糧がなければ養分が補給されず人は死んでしまうから、まさに親にも等しいわけである。

このようにして、彼の視線はしだいにより広く自然の営み全体へと向けられてゆくようになる。他の生物は勿論、風、雨、雪、大地、海へまでも。そして季節の巡り、農耕へと。昌益が捉えた世界は全体が心臓のように動き、人間も、人間以外の動物も、草木も、大地も、一切がこの大きな伸縮の営みの中に投げ込まれる。それは気の動きであり、上から下への通気によって転（天）が生じ男女が生まれ、横への横気によって定《ち》（海）や四類（鳥、獣、虫、魚）が、下から上への逆気によって大地や穀物や草木が生じる。

人が呼吸する気は自身の内臓を巡り、天地を駆け巡って北極星へと繋がる。木、火、金、水の各気の働きにより到来する春夏秋冬は、途切れることなく、順序を乱すことなく、着実に繰り返す。たとえば、木気の中の進気が働き掛けて生じた初春の季節は初耕の時期に、退気が働き掛けて生じた晩春の季節は種蒔きの時期に対応する。

こうして季節に連動しながら農耕は順々に営まれてゆく。苗を植え、その苗が梅雨の雨や夏の強い陽射しを浴びて成長する。田の草取りを何度か終えると、しだいに穂が実り色付いてくる。稲刈りの際には、男は刈り、女はそれを束ねる。男が稲架《はさ》に架け、女は稲束を手渡しにする。力の違いはあろうとも、収穫するための労働には何の分け隔てもない。そうして架けられた稲は太陽によって十分乾燥され、やがて食用に供されるのである。ここには、自然と一体となった調和の取れた世界がある。日々の汗は身体を健全にし、また充実感を生む。囲炉裏でぐつぐつと煮立てられた食べ物は各自の胃に入って明日の活力となるであろう。

だが、視線を翻して一方の現実を見れば、この本来あるべき営みに大きな亀裂が入っているのが分かる。鋭い人間観察から得られた昌益の視線はより鮮明に事態の核心を突く。たとえばこうである。

「衆ニ食・金銭・産物ヲ乞フハ、衆人ニ慈悲心ヲ起コサシムルナリ。慈悲ハ仏心ナリト云ヘルコト、大イニ私失ナリ。衆人ヲ貪リテ慈悲ヲ起コサシムトハ、盗ノ言分ナリ。己レ耕サズシテ貪リ食フハ、皆盗ミナリ。己レ盗ミ食ヒテ、衆ニ恩ヲ与ヘル如クシテ、慈悲心ヲ起コサシメテ成仏ヲ為サシム等《ナド》ト言ヘルコト、甚ダ私ノ妄失ナリ」（「糺仏失巻」）。

――民衆から食物・金銭・産物などをもらって歩くのは、民衆に慈悲心を起こさせるためとし、慈悲心こそは仏の心などと言うのは、私欲から出たまったくの誤りである。民衆にたかっておきながら、慈悲心を起こさせるためだとは泥棒の言い分である。自ら耕さずにむさぼり食うのは、すべて盗みである。自分は盗み食い、民衆に恩を売るようにして慈悲心を起こさせ、成仏させるためなどと言うとは、まったくもってでたらめにもほどがある――。

昌益の主張は慈悲の教えに留まらない。仁の教え、五倫の道、四民の法、年貢の定め、賞罰の法、また然りである。これらには己の過剰な欲望を満たすための策謀が渦巻いている。そして背後には、これを正当化するための「陰陽」「五行」の二別の論理が控えている。こうした世界からは汚気が発せられ、それが大地を駆け巡り、個々の人間だけでなく社会全体を病ませてゆく。昌益の眼前には病んだ世界（法世《ほうせい》）が迫って来る。この時彼は、個々人のみならず、社会全体を治療する医師へと大きく変身を遂げざるを得なくなるのである。そしてそれはまた、人間としての力強い叫びをあげることでもあったろう。昌益に代わって言おう。

——浅慮を捨てよ。この広大な宇宙を駆け巡る営みに眼を向けよ。すべての基本はヒトリスル「自然」である。その根源である「活真」の気が進み、退き、また進む。ここから生まれる「四行（木、火、金、水）」、「八気（進木、退木、進火、退火、進金、退金、進水、退水）」こそが万物の成立要因なのだ。陰も陽もない。五行もない。この世界には差別など一切ありはしないのだ——。

ここにおいて、二別を生む「太極」に代わる、もっぱら生み出すことに力点を置いたヒトリスル「自然」体系の確立がなされた。それは、封建教学に対する厳しい戦いであった。形容すれば、巨大な岩に向かって、ひるまず、ひたすら楔を打ち込み続けた結果であったと言うことができる。

次に、後半の思想形成に移ろう。ここではまず、昌益の足取りが問題となる。と言うのも、八戸、大館以外彼の活躍した場所については、具体的に何も掴めていないからである。ただ、八戸で町医を開業していた当時、相当高い評価を得ていたことは間違いない。藩士のみならず、藩主の姫を妻とする家老の治療にまで関わっていることからしてもこれは明らかであろう。それに、延享元年（一七四四年）に天聖寺で行われた昌益の講演について、八代目住職である則誉守西《そくよしゅさい》は次のように述べて讃えている。

「大医元公昌益、道ノ広キコトヲ天外ニモ猶《なお》聞コエン。徳ノ深キコトヲ顧ミレバ地徳尚《なヲ》浅シ」（『詩文《しぶん》聞書記《もんじょき》』）。

大医元公とは、名医として第一人者であるといった意味であろうか。持っている知識は広範で比類がなく、人柄も申し分ないと最大限の賛辞である。昌益の講演内容について余程感嘆したものらしい。実は、この昌益の知的関心の広がりには理由がある。当時、それまでの硬直化した道三流医学に代わって、儒教倫理から医学を切り離しもっぱら医を術として捉え、より臨床的な対応を採る古方派が興っていた。たとえば、悪い箇所があれば、そこを薬物によって集中的に攻撃し悪因を取り除くといったやり方である。病気の原因は他との関係にはなく、人間の悪い箇所そのものに限定され治療の対象となるのである。

一方これに対して、人体というものは宇宙と一体であり、自然の運行、気の変化にも目を向けなければ捉え切れるものではないとする後世家別派があった。昌益はこの派に属しており、こうした立場からは、当然、視線は人間に限定されることなく、人間を取り巻く天地自然に広く向けられる。そしてそれは人間が作り上げている社会にも、やがて、それを支える思想の領域にも拡大していく可能性を持つ。裾野が広がってゆくように、必然的に広範な知識の獲得へと向かわざるを得なくなるのである。

少し話が遠回りになったが、では、こうした広範な知識を昌益はどこで手に入れたのであろうか。八戸藩の御側医は交代で、藩主の江戸への参勤の際には医学修業を兼ねて同行した。そこで得られた知識は帰藩後、この天聖寺の講演会に集まったような八戸の知識人たちには日々の交流を通じて披露されたはずである。そうした状況下での高い評価であるから、昌益の講演内容は御側医が披露した以上のものを含んでいたということになる。とすれば、こうした知識を幅広く学ぶことができた地で昌益は医学修業を積んだという推測が成り立とう。

当時、医学の先進地とされたのは京都である。ここには著名な医師が数多くいた。たとえば、後世家別派を主導し、五運六気・臓腑経絡配当を重視してさらなる理論的深化を求めた饗庭《あえば》東庵《とうあん》（一六一五―一六七三年）。中華の医書にも誤謬はあるとして正確なことを重視した香月《かづき》牛山《ごさん》（一六五六―一七四〇年）。以上の流れを五行などの思弁性に基づくものとして批判し、実証主義的な態度に重きを置いた古方派と呼ばれる者たち。即ち、「気」の不調和から病が生じるとして飲食の指導をも含め順気の回復を唱えた後藤艮山（一六五九―一七三三年）。儒と医は一つであると主張した弟子の香川修庵（一六八三―一七五五年）。同じく弟子で治療術が巧みであった山脇東洋（一七〇五―一七六二年）。この山脇東洋によって認められた、体内の毒が発病の原因であるからこの毒を毒薬で駆除するとする万病一毒説の吉益東洞（一七〇二―一七七三年）。いずれも京の地において活躍した。

一般的に医師になるためには、こうした先輩の医師について医学書を読み、傍ら下働きをして技術を習得し、何年か後に独立をするという手順を踏んだ。特に良医と呼ばれる人物のもとへは多くの門弟が集まった。たとえば、後藤艮山の所には二百人、香川修庵の所には四百人以上の者たちがいたという（富士川游『日本医学史綱要』一）。本居宣長も昌益がちょうど五十歳になる頃、京都に医学修業のために上京し、堀景山の弟子であり小児科医として有名だった武川幸順に学んでいる。比較のために少し宣長の場合を見てみよう。

村岡典嗣著『本居宣長』によればこういうことになる。宣長は宝暦二年（一七五二年）三月、二十三歳の時、息子を医師にしようとした母の意向に従って上京した。まず医学習得の準備段階として、儒学を修めるために堀景山（この時五十四歳）の門に入る。景山は藤原惺窩の高弟の末裔で儒家の名家として、資性温和、研究熱心な人物として尊敬されていたという。また、国文、和歌にも造詣があった。宝暦二年三月十九日から同四年十月十日までの二年七ヵ月間宣長はここで寄宿生活を送る。その間に、宝暦三年七月二十二日から先の饗庭東庵の流れを汲む堀元厚について医書の講義を受け、翌年正月元厚が亡くなったので、五月一日からは武川幸順（この時三十歳）の門弟となり、最初は通学、十月十日からは寄宿し宝暦七年（一七五七年）十月二日まで学んだ。

したがって、宣長は三年五ヵ月間武川幸順の下で医学修業をしたことになる。ここでは、動物、植物、鉱物についての薬用研究書である『本草綱目』、小児のための『嬰童百問』、医の倫理、修学法、諸疾患の病理、薬物治療、鍼灸治療、食事療法に至るまで述べた『千金方』などを会読している。そして宝暦七年十月六日二十八歳の時に松坂に帰り、直ちに医業を開いた。小児科、産婦人科の医師として、また、「小児胎毒丸」「家伝秘法むしおさへ」などの売薬も調製して売り出した。

以上から分かるのは、堀元厚の下での日数を入れて四年程の修業期間を終えた後すぐに開業したという点である。これが当時の一般的な例になるのかどうかは分からないが、さらに腕を磨くというような場合には、たとえば鍼灸の医療技術をより確かなものにしたいという場合などには、一層の実習期間が必要であったろうと推測される。

もう一点、私が昌益の医学修業地として京都を挙げるための理由がある。それは門人のことである。その後半生において活動した八戸、大館に多くの門人がいたのは当然であるが、以前にも触れたように、これ以外の地にも門人がいた。確認できる範囲で、大阪、京都各二人、江戸、須加河、松前各一人である。そしてこれらの門人たちは、宝暦六、七年頃に開かれたと推定される昌益一門の全国集会に参加している。この集会では、徳川封建体制の変革が話し合われているから、昌益との間にはきわめて密接な信頼関係が築かれていたということになる。万が一外部に漏れるようなことがあれば、家族のみならず一族郎党までに取り締まりの手が伸びることは必定だからである。とすれば、この密接な信頼関係はいかにして得られたのであろうか。手紙の遣り取り程度では不十分である。やはり、昌益との日々の交流の過程で培われたものと判断するのが自然であろう。

ちなみに、比較のために宣長の場合を見てみると、門人の多い地域から順に、伊勢二百人、尾張八十八人、京都二十人となっている（『本居宣長』）。むろん、体制変革などという側面はなく、もっぱら宣長の古学や和歌に興味を示す門人たちであるから数が多いのは当然であるが、この分布状況は明らかに、直接宣長と接触する機会の多い地域に門人もまた多かったということを示している。もう少し付け加えると、宣長の門人は、伊勢、尾張、遠江、三河、近江、紀伊、京都など概して西国に多く、東国には少なかった。ただ国の数で言えば四十四ヵ国に渡っていて、これは一つには、宣長の郷国が伊勢神宮への通路で諸国の人士が集まる場所であったためとの指摘もなされている（同前）。尾張、三河、近江などの近隣に多いのは当然であり、紀伊は紀州候に仕えていた関係で何度か講義に赴いたためであり、京都は医学修業地であって、また、宣長の長男春庭は鍼術修業のために上京しているし（二年四ヵ月程で帰郷し開業）、宣長自身も六十歳以降何度か京都を訪れているためであろう。

こうした点を踏まえると、昌益は京都の地で医学の修業を積み、その過程で仲間ができ、やがて彼らは昌益思想の理解者となり、そして門人となっていったと捉えてもよいのではないだろうか。また、大阪は京都に近く、恐らく昌益も何度か足を運ぶことがあっただろうし、そうしたことで強い結び付きを得たのであろう。ただ、この医学修業以前のことについてははっきりしない。はっきりしないからそのままにしておく方法もあるが、私は敢て想像力を逞しくして跡を辿っておくことにする。断っておくがこれはあくまで推測である。

大館出奔後、昌益は知り合いの寺に身を寄せた。そこで僧としての生活を送る内、やがて住職の世話で京都の本山に入る。当時の秋田と関西は日本海交易で盛んな出入りがあったから何も不自然なことではない。この本山（禅宗）で修行を積み、そして、印可を受けるまでになる（「仏書及韻学巻」）。印可とは、師の僧が弟子の精進を認め悟りに達したことを証明するもので、それには相当の修行期間が必要とされる。たとえば道元は、釈迦如来は六年、達磨大師は壁に向って九年間座禅を続け悟られたのであるから、我々はもっと修行をしなければならないと説く（「普勧坐禅儀」）。であれば、昌益もかなり長い間寺院での生活を送ったということになる。だが、寺院内部はその教えとは裏腹に、美衣、美食にふけったり、金銭に執着したり、色情に溺れたりと、欺瞞に満ちた側面も抱えていた（「糺仏失巻」）。日々の修行と、目の当たりにする僧たちの日常生活との落差。こうして積もり積もった鬱積は結局彼を外部へと走らせる。やがて、漢籍を読める（医学書を読める）ということも有利に働いたのであろう、医師の道へと進み始めるのである。ただ当時は、医業は耕織に等しい技術とされ地位の高いものではなかった（布施昌一『医師の歴史』）。手短な推測を述べたが、印可を受けたという記述があること、寺院内部の有様に詳しく触れていること、昌益が潔癖な性格であること、僧が医師への道に向かうのは当時珍しいことではなかったこと、こうした事実を踏まえれば、無理のない推測と言えるのではないか。あまりにも昌益の前半生が不明なため、書き足した次第である。
あと触れておくべきは長崎についてである。昌益は「万国巻」で、「各国の気候や産物、風俗や言語などについて書いてきたが、世界を走り回っているオランダ人の助けがあった」としてこう述べている。

「私ノ推量・分知ニ非ズ。長崎ニ於テ通者《つうじ》ノ阿蘭陀人ニ親シンデ、阿蘭陀人ノ噺《はなし》ヲ聞ク」

長崎において通訳のオランダ人と親しくなり、直接聞いたとしている。そうであれば、昌益は長崎に足を踏み入れたことになる。以前「万国巻」の説明でも触れたように、オランダは昌益にとって憧れの国であったから、長崎を介してその姿を垣間見ようとする思いは人一倍強かったであろう。また別の箇所では、昌益の門人であり、長崎奉行の下役人で京都出身の人物を頼りに外国に渡ろうとしたが、取り締まりが厳しく実現できなかったと述べている。これ程までの思い入れがあったとすれば、医術の修業とでも称して、昌益が京都から長崎に出かけた可能性は否定できない。一途に突き進む性格を持ち合わせている彼のことであるから、私にはそう思われるのである。
さて、そうこうする内に、経済の中心地であった関西から、政治、権力の中心地であり、徐々に経済的な力も蓄え始めた江戸へと昌益は住まいを変えた。このきっかけが何であったかは分からない。新たに医学修業を目指したのか、江戸についての門人たちの話に心動かされたのか、より広い視野を求めようとしたのか。だが、京都とは全く異なる町であったのは確かである。江戸城やそれを取り巻く大名屋敷の佇まい。大店が建ち並ぶ中心街。どこまでも連なる長屋の家並み。荷車や人々の激しい往来。

江戸には門人となった村井中香が日本橋の近くに住んでおり、また、刊本『自然真営道』の発行元の一人、松葉清兵衛の店もこの村井中香宅からごく近くにあった。さらに、狩野亨吉の手に渡る以前、稿本『自然真営道』を秘蔵していた橋本家は奥州から江戸への入口に当たる北千住にあった。当時、村井中香の住んでいた本町には金座があり、現在の市長に相当する三人の町年寄も家を構えており、越後屋などの呉服商も集まる江戸の中心であった（岸井良衛『江戸の町』）。

この江戸（人口約百万）へは八代将軍吉宗の享保年間の調べで、海路（浦賀番所経由）だけでも一年間に約六十万石の米が運び込まれ、地元関東での主食自給率は一割に過ぎなかったという（大石慎三郎「大江戸論」『歴史公論』通巻八十四号所収）。その他、油、醬油、酒、木綿などの品々が続々と集められ、売りさばかれる大消費地であった。「夕立を四角に逃げる丸ノ内」と詠まれたように、江戸はその六割を細長く角ばった武家屋敷が占める武士の町でもあり、こうした人々がこれらの消費の一翼を担っていたのである。

つまり、江戸は人も物も集まる所であり、特に武士に関して言えば、参勤交代の制によって全国津々浦々から浮塵子《うんか》のごとく集まって来ていた。そのため町中では各地の方言が常時飛び交っていた。昌益が何かの折りに東北訛りの言葉を耳にし、それに惹かれて声を掛け、付き合いが始まったというようなことはごく自然な成り行きであったろう。安永寿延氏はその著『安藤昌益』の中で、「昌益と高弟仙確の父仙益との出会いは、御側医であった仙益の参勤交代による江戸滞在中のできごとであったかもしれない。そうであれば、医師であり、同じ東北出身ということが両者の間をより近いものに感じさせただろう」という意味合いのことを述べている。江戸に来て案外すんなりと八戸との繋がりが生じたと見てよいのではなかろうか。

ところで、京、大阪、江戸の三都を目撃した昌益は次のような批判を書き記している。

「故ニ和邦三大処ノ商家ヲ以テ之レヲ視ヨ。悉ク無益有害、世ニ無クシテ人用ノ欠ケザル栄用ノ事ノミ業ト為シ、利欲ノミニ泥《なず》ミテ人性ヲ知ルコト無キハ、是レ又聖人ノ罪ナリ」（「糺聖失巻」）。

——だから日本の三都の商家を見れば分かるように、すべて有害無益なもので、この世になくても生活には何の差し障りもない虚飾に関わるものばかりを扱っている。己の儲けばかりに夢中になって、本来の人間の在り方を知ることがないのも又聖人の罪なのである——。

ここに述べる商家とは、具体的には、蔵元、両替商、呉服商から化粧屋、煮売り酒屋（居酒屋）、遊女を待つ揚屋までも指そうか。客でごった返している様が否応なく目に飛び込んで来たのであろう。過剰な欲望の渦巻く姿がそこには生々しく見て取れた。また特に、江戸は武士の姿がやたら目に付く都市であった。昌益はこれら武士の役割をこう見抜いている。

「君下ニ武士ヲ立テテ衆人直耕ノ穀産ヲ貪リ、若シ強気ニシテ異輩ニ及ブ者有ル則ハ、此ノ武士ノ大勢ヲ以テ捕リ……」(「糺聖失巻」)。

――君主の下に武士を置いて、農民たちが作り出した穀物を納めさせ、もし勇敢にもこれに逆らう者がいる時には、これらの武士を大勢動員しその者を捕え……――。


君主は自らの支配体制を維持するために、武士という武力を必要としている。これは己の過剰な欲望を満たすには不可欠な手段なのだ。昌益はこうした現状に怒りを覚え、そして、汗を流して食糧を生産している農民たちの姿を思い遣っている。彼等を踏み台として都市の生活は成り立っている。なぜなら、食糧がなければ誰一人として日々生きてはいけないからだ。その大切な食糧を作り出している「農」の中にこそ真実があり、そこに身を置いてこそ初めて、人間としてのふさわしい生き方ができるのではないか。昌益はそう訴えるのである。

むろん都市においても、必死に汗して働いている人々は数多くいる。ふんぞり返っている者ばかりではない。だが、事の本質を見誤ってはならない。そこで彼は改めてこう断言するのである。

「悲シイカナ。都市ノ地ニ於テ道ニ志ス正人出ヅルコト能ハザル所以《ゆえん》、是レナリ。故ニ道ニ志ス者ハ、都市繁華ノ地ニ止マルベカラズ」（「糺聖失巻」）。

過剰な欲望の汚気が発散され、それが周囲の人々に伝播し、さらに、己の過剰な欲望に火を付けられた人々からは新しい汚気が発散される。そうして、都市全体が暗雲の中にすっぽりと包み込まれてゆく。このような地にあっては、まともな者も徐々に堕落せざるを得ないであろう。勿論、医師とて例外ではない。いいかげんな治療を施してひたすら金儲けに夢中になり、危険な薬を調剤しては利益を得る者たちがはびこっている。食としての穀物の重要性を理解しない医師は間違いなく殺人者であると昌益は言う（「良演哲論巻」）。実際当時は、医師の多さがそのまま医療水準の上昇には繋がらず、儲け主義の流行医や肝心の診察もできない盲人医が多かった（立川昭二『近世病草紙』）。このような大都市江戸は自分の住む所ではない。昌益は心底そう確信したのである。

江戸を出た昌益は、繋がりのできた奥州へと足を向けた。恐らく旅医師としての生活を送りながら、最終的には八戸を目指したものであったろうと思われる。特に、当時の奥州地方は鉱山の開発が盛んで、昌益が途中の鉱山町、あるいはその周辺で医師をしていた可能性は高いと推測される。というのも、金や銀や銅などを含む鉱石を掘り出すことに必死になっている様を厳しく批難していて、さらにその叙述には、鉱山特有の状況を踏まえた描写がなされているからである。補って訳せば、

――土の中から鉱石を取り出すことによって地盤そのものが脆くなり、駆け巡る天の気が濁ってそれが人の健康を蝕み、海の気も濁り、地中を掘り進むことによって水脈が遮断されて湧水が枯れ、山は崩れやすくなり、河には土砂が流れ込み、地は揺れに弱くなり、人の気も脆くなって（坑道の換気の悪さのために）内臓疾患にも罹りやすく、さらには山自体に木が生えにくくなる（「紀聖失巻」）――。

私も閉山後の秋田の尾去沢鉱山に行ったことがあるが、そこはまさに異質な空間という印象を与えた。周辺の緑の山々に比較して、鉱山一帯は点々とわずかに草木が生える程度の死の山と言ってよかった。山の斜面が脆く、崩れやすいのも一目で見て取れた。内部に入ってみると、江戸時代の坑道が所々に残っていて、その狭さに驚かされた。明らかに大人が立ち上がって移動することなど不可能である。動くとすればどうしても四つん這いにならざるを得ないであろう。このため背の低い子供を鉱石の運搬に使用することがあったというのも頷ける。それに、このような場所で作業を繰り返せば、土埃などを大量に吸い込んで肺を傷めるのは避けられない。彼等は短期間で体調を崩し、苦しみながら死んでいったのである。

それにもかかわらず、これらの諸鉱山へは周辺諸国の農民たちが出稼ぎに走った。手っ取り早く現金を手にするためである。確かに、当初は、働いてお金を貯めて村に帰るつもりであったろう。だが、ここには飲み屋、博打場、女郎屋などがひしめき合い、芝居や相撲（角力）の興行なども行われ歓楽街の様相を示していて、稼いだ給金を忽ちにして使い果たしてしまう者も多かったのである。たとえば秋田の院内銀山では、時期により盛衰の波はあったものの、最盛期には一万人近くの居住者がいて久保田の城下町よりも人口が多い程であったという。

「山小屋・下町が軒を並べ、そこに諸国からの入山者が起居する活動的な、かつ厳重に閉じられた山間の都市が出現したのである。寺院が建立され、神社も造営された。山師や金名子《かなこ》（鉱山で働く者）が採掘に従事し寝起きするというだけではない性格が、この町に与えられた。――京・江戸・大坂の三都市にしか出廻らぬような種類の織物が院内に持ちこまれて売られたり、遊芸人が多数廻ってきて諸芸能がおこなわれ、芝居や角力などもしばしば興行されたという」（深谷克巳『南部百姓命助の生涯』）。

過剰な欲望が渦巻く様は三都の縮図とも言えた。昌益の言う典型的な法世が山間の地に出現していたのである。

また、北上山系では、元文から天明に至って頻発するようになった減作の最中に鉄産業が成立し、この地域の山村民の中には鉄山に働きに行く者が出始めた。二十代の青年は鉱山労働者に、三十代から四十代の壮年の者は牛馬の飼育と牛方、馬方としての運送業者に。一方家に残った者は、鉱山労働者としての前貸金を元手に原木を買って炭を焼いたり、煙草を作ったりし、婦女子は養蚕を行って南部紬を織ったりするという変化が生じていた（森嘉兵衛『南部藩百姓一揆の研究』）。

このように、商品貨幣経済の波は、既にひたひたと奥州の地にも押し寄せていた。全てというわけではないが、昌益が天子と捉えていた農民たちも貨幣を求めて、徐々に変化し始めていたということである。諸藩は収入増加のため、新田開発や租税の引き上げ、あるいは新税の導入を画策した。一方農民の側では、これらの税制に対する不満は勿論のことだが、ある者は、農業以外の仕事に関わることによって現金収入を得、より自立した意識を持ち始めていた。それまでの村政に対する発言も、変更を求める積極的なものになってきていた。つまり、既存の体制の不具合がじわりじわりと露呈されつつあったのである。そしてやがて、抜き差しならぬ状況へと突き進まざるを得なくなってゆくのである。

このことは、具体的には百姓一揆の面からも窺うことができる。一般に、江戸時代中期の百姓一揆を大きく捉えると、享保辺りからその数が増え始め、村役人の不正を追及したり、年貢率の変更を求めたりする小規模なものから、次第に封建領主と直接対決する強訴や、高利貸しなどを襲う打ちこわしという激しいものへと内容を変化させていくのが分かる。一七五〇年前後（寛延、宝暦期）に最初のピークが、次いで、一七六〇年代後半（明和期）と一七八〇年代（天明期）に二つのピークが見られる。ただ地域によってずれがあり、たとえば奥州の南部藩の場合には、元文元年（一七三六年）から天明八年（一七八八年）までの五十二年間に記録に残るもので十三回発生しており、これらは全て一村限りの個別的な小一揆であるが、寛政期（一七九〇年代）に入ると全領的な激しい一揆へと拡大している（同前）。これは、時代が下るにつれて体制の不具合がより大きくなり、厳しい対立を生まざるを得なくなった状況を示している。で、昌益の場合だが、彼はちょうどこの不具合が露呈し始めた時期、言わば初期の段階に遭遇したことになる。それでも、研ぎ澄まされた彼の視線は百姓一揆を目撃して、すぐさまそこに徳川封建体制の欺瞞を見て取ったであろう。むろん同時に、農民の側でも、取り巻く経済状況に対応すべく欲望を膨らませ、徐々に変質していく者たちが現れていることは理解していたはずである。それは汚水が川面に広がっていくように、天子である農民自身が崩れ落ちてゆく有様であった。汗を浮かべた顔に輝く濁りのない瞳が、狡猾なそれへと変わってゆく。これはまさに人間の心の荒廃そのものであった。

――耕さず着飾り、貪り食うようになったので、ただもう私利私欲に走るばかりである。すっかり汚れ切ってしまっているから本来の人間性は夢にもわきまえることがなくなってしまった。旅の途中で道に迷い、狐や狸に誑かされた者のように、あちらはこちらを騙して得をしようとし、こちらはあちらをうまく誘い込んで儲け、主従・親子・兄弟たちが互いに言葉巧みに自分の利益を求める。こうして、僧俗男女を問わず、ひたすら金銭を得るために身を亡ぼし、命を落とすことなど少しもわきまえないのである（「糺聖失巻」）――。

では、事態はこのまま推移し、加速し、さらなる悲惨な局面へと突き進んでゆくのであろうか。腕をこまねいて見ていなければならないのであろうか。いや、救いがないわけではない。なるほど、欲望の渦巻く地は至る所にある。だがそれにもかかわらず、鍬を持って耕し、過剰な欲に浸かることもなく、日々の生活を営む農民の姿も数多く見られるのだ。

昌益は一方で強欲な人々の姿を、他方でこうした農民たちの姿を目撃し、同じ人間でありながらその落差に愕然とした思いを抱いたに違いない。過剰な欲望に終わりはない。その先にはぱっくりと口を開けた狂気が待ち構えている。人間の過剰な欲望の恐ろしさ。人間を根底から変えてしまう、その凄まじさ。このことが昌益の心に、深く、深く、刻印されていったのである。

八戸に辿り着いた昌益は、やがて、その中心に居を構えた。そして、次第に医師としての評判も高まってきた頃、例の猪飢饉が勃発する。猪が大挙襲来し、作物を食い荒し、翌年の春にかけて多くの餓死者を発生させるという未曽有のできごとであった。まさに狂った状況が眼前に繰り広げられたのである。これは、焼畑農法によって猪の好物の餌が繁殖し、その個体数が異様に増加した結果であった。

「寛延二年（一七四九年）夏、暴風が襲い、作柄に大きな被害をあたえたが、藩はなすところなく、ただ諸寺に祈祷を命じるのみであった。秋には猪が大挙襲来して作物を食い荒し、結局一万五、六千石の被害が生じ、翌年春にかけて三千人の餓死者が出た。それは八戸移住後の昌益がはじめて目撃した悲惨な光景であり、彼の心を強く動かしたであろう。飢饉の際には、口にする雑草の毒にあたり、衰えた体力に寒気がふれて、病人が続出する。彼はその治療に奔走し、多くの臨終に立ち会いながら、医学の無力感に襲われたにちがいない」（安永寿延『安藤昌益』）。

治療などということではとても対応できぬ有様が眼前に広がっている。昌益は次のように自問したに違いない。

「いったい、私が今まで学んできた医学とは何だったのであろう。現に、豊富な知識を得たところで何一つ役に立たないではないか。ばたばたと倒れてゆく人々に対し、呆然として立ちすくむだけではないか。このように、食糧がなければ人は必ず死ぬのだ。知識よりも食糧こそが、はるかに大切なものではないのか」

彼はさらに厳しく己に問い続ける。

「三都では、どんちゃん騒ぎをやらかす輩が数多くいた。豪華な衣類を着て、立派な建物に住む者も数多くいた。一方、この八戸の地では、苦しんで餓死していく者たちがいる。贅の限りを尽くす者がいるかと思えば、困窮の中で死んでいく者がいるとは。ああ、これは、この地が自らを犠牲にして三都を支えているからに他ならぬ。全国津々浦々から、食糧が、酒肴品が、木材が、衣料品が、続々と三都へと運ばれていく。そうした仕組みがきっちりとでき上がっているのだ。この仕組みを作り上げたのは、遡れば、儒教を始めとする封建教学であり、視線を今に移せば、耕さずひたすら貪ることを欲している武士を始めとする不耕貪食の徒である。彼らの心の底にはめくりめく欲望が渦巻いている。あの鉱山に浮塵子《うんか》のごとく集まった人々の様を見よ。お金のためなら人の命など何とも思わず、あるいは、自分の命までをも投げ出してしまう様を。これこそ、この過剰な欲望の真の姿なのだ。こうした状況を正すためには、この過剰な欲望を抑える仕組みを構築せねばならぬ。私は一人、一人の命を救う医師から、この世を救う医師にならねばならぬ」

ここに至って昌益は、己の進むべき道をはっきりと自覚し、猛然と書き始めたのである。彼の心は次のような思いで煮えたぎっていたであろう。

「広く伝えなくてはならぬ。人々よ、知るべし。直耕こそが、誇るべき、もっとも大切な営みなのだ。そして、この世界はすべて互性の関係の中にあることを」

以上のような昌益像をもって、私は論文を書き直した。構成は昨年提出したものと大差なかったが、一本芯が通ったように思われた。少しは深めることができたのであろう。翌年一月提出し、受理された。

八章　大学院との離別

私は、引き続き博士課程に進みさらに研究を深めていきたいと考えていた。そのために、必須である入試科目の外国語に慣れておこうと洋書を取り出し読み始めた。試験は三月初めで、それまでに一カ月程の時間があったように思う。願書も取り寄せて傍らに置いていた。だが、まだ修士論文の余韻とも言うべきものが残っており、横文字を追っていても、頭の中を提出した論文の字句の断片が過ることがたびたびであった。その都度ふと思い返し、「あそこはやはりあれで良かったのだろうか」、「もう少し詳しく触れた方が良かったかもしれない」などと妙に気になり出し、肝心の語学の方が中断する羽目になるのだった。

そして、こうしたことを毎日繰り返しているうちに、やがて私の心の中に、別の何かが居座って離れなくなっているのに気付かされるようになる。最初の内は、それが何かはよく分からなかった。でも、気になることであるのは間違いがない。そうして日を追うにつれ、それは際限なくどんどん大きく膨れ上がってくるのだった。ある朝、私ははっきりと理解した。それは八戸図書館の副館長の、あのNさんの昌益に対する感嘆の言葉であった。

「やっぱー、昌益さんは偉かったなすー」

この言葉は私の心を、容赦なく揺すり始めた。そして次第に深く、重く迫って来るようになり、終にはこう私を問い詰める声となって響き出したのである。

「私にはこのまま博士課程に進学して研究をしたいという欲求がある。だが、それは、昌益の生き方とは相容れない我欲を伴ったものではないのか。昌益の心と私の心とでは決定的な隔たりがあるのではないか」

机に向かいながらも煩悶する日が続くようになった。ペンを持つ手が止まってしまい、宙を見詰めていることが多くなった。四畳半のガラス窓に視線を移せば、水滴が浮かんではすーっと尾を引いて流れていくのが見える。外の寒さと内の暖かさとを意識させた。

「研究を続け論文を書くことの背後には、自分にとって都合の良い職を得ようとする欲望があろう。そうした立場で、果たして、厳しさの中で育まれた昌益の思想が理解できるのであろうか。私は温もりの満ちた場所で、昌益の主張を分析するだけの研究者になってしまうのではないか」

こう繰り返し、繰り返し呪文のように響いて来るようになったのである。受験申し込み期限の日の朝であったように思う。私にははっきり聞こえたのである。

「お前の心は汚れている。このままでは、昌益のことなど見えるものか」

私はその声に押されるようにして、傍らの、書き込んであった願書を一気に破り捨てた。この時、まるでなるべくしてなったような何かそんな力がどこからか働いた。先のことは全く何も考えていなかった。まだ吐く息が白さを見せていた朝であった。

大学院を去ってからの私は最低限の生活費を稼ぐためだけの仕事をした。当時の私の心には、自分の身からいらないものを削ぎ落とそう、削ぎ落とそうとする思いばかりが占めていた。大袈裟だが、かたくなまでに、自分から昌益が批判した過剰な欲を少しでも削ぎ落とそうと意気込んでいたのである。

何とか食べられるということだけを前提に働いたから、端的に言ってしまえば、ぎりぎりの生活に近かったように思う。その代わり、時間の方は十分持てた。その結果最初の一年間程は、この時間をほとんど眠ることに費やした。食べることと眠ること。人間の原点に立ち戻ろうという気持ちがどこかで無意識の内に働いていたものらしい。勿論実際には、そんなに眠ってばかりいるのは不可能である。眠れなくても、とにかく、ひたすら横になっていたということである。

兎にも角にもこうした状態が、私には一番安心できる過し方であったのだ。横になっていて行動に出なければ、過剰な欲とは無縁でいられる。そうすれば心の重荷は生じないと自分なりに判断していたのである。ただ、頭の中では、いろんな思いが巡り巡っていた。その際過ぎったきり、遠くに去って消えていくものもあれば、ますます鮮明になって繰り返し浮かんで来るものもある。どちらにしても必ずしも好印象を抱いたできごとが登場するという訳ではないのだが、やはりどこかでは私なりの区分をしていたのであろう。時間が立てば立つ程、この二つの方向に集約されていくような感覚があった。そんな中で、何度も夢にさえ登場したのは幼い頃のことであった。それも、何か重苦しさを潜めた、生活状況を一変させた、あの時のできごとであった。

自転車のサドルの前にセットされた子供用の椅子に座らされ、私は父にしばしばいろいろな所へ連れて行かれた。その時父は、いつも決まって同じ歌を口ずさんだ。

「かーらーすなぜ鳴くのー。からすはやーまーにー……」

子供の歌はこれしか知らなかったのであろうか。動き出すとすぐに私の背後から太い声が響いて来た。一つ覚えの同じ歌であったが、どういうものか繰り返し聞かされても飽くという気は少しも起こらなかった。ペダルを踏む軋みと同じく、自転車には付きものの歌と思っていたせいかもしれない。それはまた、安心感を抱かせてもいた。

確かその日は雨で、数日来降り続いていた梅雨の最中だったと記憶している。ちょうど体育の授業時間で、運動場が使えず小学校の講堂で縄跳びの練習をしていた。狭い室内ということもあり、周囲に注意を払うためなかなかうまく跳べず、からまった縄を小さな手で直していた時であった。急に担任の先生が近づいて来て顔を寄せると、家に帰るようささやいた。私は驚いて顔を上げた。見ると、先生の手には私のカバンが握られている。そのうちに、何事だろうと上下白い運動着の同級生たちが周りを囲み始めた。先生は黙ったまま私の肩を抱くようにして講堂の入口の方へ身体を向けた。そこには雨具を着た男の人が立っているのが見えた。

「どうして帰るの？」

誰かがそう言ったが、いつもと異なる雰囲気をすぐに感じ取ったのだろう。その後は一人も口を開かなかった。静まりかえった中をカバンを背にして、私は先生の手に促されるままに入口の方へと歩き出した。白い囲みが少し広がったような気がした。

白い雨ガッパを着た私は、その男の人が漕ぐ自転車の荷台にすぐに乗せられた。なぜ帰宅するのか、その人は何も言わなかった。問うてはいけないようで私も何も尋ねなかった。ペダルに足が掛かり男の人の身体が前後に揺れ出した。運動場の上にタイヤの跡が付いていく。私はふと気になって講堂の方を見た。同級生たちの顔が入口の所から覗いている。私は少し手を振った。だが、はっとしてすぐに前を向いた。明らかに、父のいつもの自転車とは勝手が違っていた。雨具のひさしから垂れる滴が目の前をぽつんと落ちている。私はそれをじっと見詰めた。一つ、二つと数えていたような気もする。そうして運動場の端の校門にまで来た時、再び気になって講堂の方へ目を遣った。今度は誰の顔もなかった。

家の前は人だかりができていた。私はその人たちに押されるようにして中に入ったが、既に異様な雰囲気が漂っていることは理解できた。長靴を脱ぎ、上がってみると、布団が敷いてあってそこに人が横になっている。顔には白い布が被せてある。私は母の側に吸い寄せられるようにして座った。少し沈黙があった。それから母は私の背に手を掛けて、父が亡くなったことを告げた。私はとっさのことで何が何だか訳が分からなかった。涙も何も出て来ない。ここに横になっているのは父なのだということ。そして、髭の濃いその父の顔を布越しに想像するだけであった。母は布を取っては見せてくれない。傍らでじっとしている。事故死であった父の苦しんだ形相を見せたくなかったためだと知ったのは後のことである。

「裏に兄ちゃんがいるから」

この場に居させたくないという思いがあったためであろうか。母は静かにそう言った。サンダルを突っ掛けて裏に行くと、兄は腰をおろして下を向いていた。屋根のひさしから落ちる雨垂れが兄の前の地面を叩いていた。赤土の地面には小石が濡れて光っている。兄は時折その小石を手にしては、裏地と接続している川の土手の方へ投げつけた。「くそう、くそう」という声が聞こえた。兄は泣いていた。また、私は声を掛けられないことを思った。

不幸というのは引き続いてやって来るものだろうか。父の葬式が済み、母方の実家に引き取られることが決まり（兄は中学卒業までこの地に留まることになった）、引っ越し荷物を作り上げた次の日のことであった。私たちは隣家の今井さんに朝方の四時頃叩き起こされた。大水になりそうだというのである。驚いて外に出て堤防の方に視線を遣ると、少し明るんだ中に川の水の表面が波立っているのが見え、今にも溢れそうな光景が飛び込んで来た。いつのまに水嵩が増したのか。確かにこの一週間程は雨が降り続いていた。しかし、これ程までの状態になっているとは。私たちはすぐさま高台にある公民館に必死になって荷物を運び始めた。母と中学生の兄と小学生の私には大きな荷物は大変な重さだった。それでも運ぶしかないという気持ちが強かったせいなのだろう、今思い出してもびっくりする程腕に力が入ったような気がする。それに、私の家は荷物がまとめてあった分ましな方だったらしい。他の家では取り敢えず運び出せるものをという風で、タンスやら机やら布団やら仏壇やらが雑然と公民館の広間に積み重ねられていった。どこの家のものという区別をする余裕は全くなく、それこそ引っ繰り返ったという形容がぴったりの有様であった。

しばらくすると水が靴を濡らすようになり、それに引きずられるようにして人々の動きは一層慌ただしくなった。ひたすら運ぶだけである。さらに明るくなって、追い立てられた人々の表情がはっきりと見え始めた。髪や服が雨で濡れ、その髪が乱れて額にへばりついている。改めて、子供心にも大変なことになったという思いが湧き起こって来る。そして一時間と経たないうちに、道路には一メートルを越す濁り水がどっと流れ出した。水嵩は容赦なくどんどん増していく。終に持ち出しは不可能となり、人々は皆高台に避難した。

既に二メートルは越したろうか。家の一階部分はすっかり土色の水に隠れてしまっている。四、五メートルはあろうかと思われる太い丸太が上流から流れて来てはどんと家に当たり、大きな音を立てては方向を変えて下流に流れてゆく。人々は皆こうした光景を呆然として見詰めていた。ある者は腰を屈め、ある者は腰に手を当て立ち尽くしたまま、またある者は、顔を両手で挟むようにして。その表情や仕種には、恐怖感や疲れや悲しみなどが雑然と混じり合っていた。これが、記録的な大被害をもたらした昭和三十四年の、あの伊勢湾台風であった。

父の死から始まるこの一連のできごとは知らず知らずのうちに私に強い影響を与えていて、そのために、横になってはその都度しきりに思い出すことになったのであろうか。確かに、人が汗して作り上げた家、橋、田畑などを一溜りもなく破壊していった、あの時の、獣が怒り狂ったような濁流の音は今でもずっと耳の底に残っている。人間の及ぶべくもない自然の力の巨大さが、しっかりと刻み付けられたということか。それに、どうも私には、自分の力の及ばないものを思い遣る時、心の底にそれと共鳴し合うものが生じて来てしまうらしい。研究を捨て、仕事以外は食べて寝るという生活。こうした状況に陥ったその背後に、何か大きな、目に見えない力を自分なりに無意識の内に感じ取っていたような気がする。

仕事に行き、帰宅して寝るという生活がずっと続いていたが、もともと収入は少なかったから、給料の支給日までまだ間があって所持金が底を尽き掛けることは度々であった。そんな時は、食費を切り詰めようと素麺を鍋で茹で、そこに野菜の切れ端を入れ、醤油で味付けしたものばかりを食べていた。こうしたことを繰り返しやがて一年にもなろうとする頃、その皺寄せが来たのであろうか、身体の調子が何となくおかしいのに気付くようになった。全体的に身体が重い感じなのだが、それより顕著なのは髪の毛が抜けて来るのである。そして同時に、体重も減ってきているらしいことが自覚された。今思えば、栄養不足だったのだろう。それでもどうしようもないので、そのまま成り行きに任せた。

ある時、共同炊事場のガスコンロで素麺を茹でていると、隣室の下宿生が、

「そんなんばっかし食べてると身体壊しますよ」

と声を掛けてきた。いつも遅く起きる彼は白い歯磨粉を横に吐いて、口を少し自由にしてからそう言った。突然の呼び掛けに私は一瞬どきっとして、自分でも変だと思うような作り笑いをしながら、

「まあ、そうやろうけど」

と返事をした。そして、決まりが悪かったから、それだけ言うとまた鍋の方に向き直った。彼は私のこうした様子を何度か目撃していたらしい。が、すぐに口を濯ぐ音が背後でし、スリッパを鳴らしながら遠ざかって行った。

相変わらず生活のペースは同じで、仕事に出かけては帰って来るとぐったりしてそのまま横になる日が続いた。身体が弱ると気力の方も衰えてくるものらしく、次第に動くのが面倒になり最小限必要なことしかしなくなった。で、ひたすら寝ていた。考えるということについても持続力がなくなり、分断的にぽつと思い浮かべるだけという感じだった。ただ、こうした状態でありながらどうした訳か、田舎の尼さんについての祖母の話がふいに思い出され、それがずっと妙にまとわり付いていたのを覚えている。

それは、当時七十歳に近かったかと思われる尼さんのことである。水田を分けるようにして真っ直ぐに伸びた道を山に向かって歩き、行き止まった地点から上に続く長い急な石段を登り切ると、そこに小ぢんまりとした尼寺があった。祖父母の家からは少し離れていたが、何度か友だちと遊びに行ったことがある。私がまだ中学生の頃で、初めてその尼さんを見た時、周囲の人間たちとは何か違うなという感じを子供心に受けたものである。うまく言葉では表現できないが、優しいようで、それでいてきりっとしていて、眼

が澄んでいながらどこかもっと奥の方を見ているような、そんな感じである。それに、身なりを見て思ったのだろうが、男でも女でもない中性のような人という印象もあった。で、何がまとわり付いていたかというと、この尼さんの死に方についてである。

ある晩のこと、祖母は突然こう言った。

「尼さまが死なさったとよ」

私は「えっ」という声を発して祖母の顔を見た。だが、もっと驚くべきことが引き続いて祖母の口から語られた。

「ちゃんと白い着物をきれいに着て、手を合わせてな、布団に入って死んでござったと。周りの物もみんな片付けて死ぬ準備をしてござったんやで、偉い尼さまやな」

私はすぐさま尋ねた。

「死ぬ時って分かるのか」

「そりゃあ寿命があって、そんで自分でそれに合わせて決めるんじゃ」

「どうやって」

「そろそろ死ぬ時かなと思ったら、食べもんを少しずつ減らしていくんじゃ。そうするとな、だんだん力が落ちていくじゃろ。横になるのが多なってくる。続けて減らしていくとな、もっと眠うなってくる。そのうちなんも苦しまんとそのまま眠るように死ねるんじゃと」

私には白い着物を着た尼さんの姿が見えるような気がした。すべて一人で死ぬ準備までしたことを聞いて、何か底知れぬものが蠢いているように思えた。

この話が何度も何度も、すり抜けるようにして思い浮かんできたのである。そうすると、何の片付けも済ませず死ぬ準備もできていないこの私を、あの澄んだ尼さんの目が、くすんだ部屋の天井からじっと見下ろしているような気配がし出すのである。そしてその都度、何かしら責め立てられるがごとき気分に襲われるのだ。むろん、何の修行も積んでいない私など、尼さんのような死に方はできるはずもない。ただ、あのきりっとした姿勢とは程遠い私の現状に、不安がじわりと湧き起こってくるのだった。

「このまま死んでいけるのなら楽かもしれない。苦しまなくても済みそうだ。なるがままに任せておけばそれでいい。死は普通なら与えられるものだろう。尼さんは己の寿命を知って死を選び取ったのだろうか。尼さんは自分の一生を見事に生き切ったのだろうか。尼さんの死に方には清々しさが感じられる。そこにはきっと、苦しみや悲しみを越えた力強さがあるに違いない。肝心なものとしっかり繋がった力強さが。それに比べてこの私はどうだ。今までの私の生きた時間はいったい何だったのだろう。何も掴めず、薄っぺらなままだ。何の意味もなかったのか。ただの野垂れ死にではないのか」

数日して、例の下宿生がふいに私の部屋に顔を出した。

「これ、食べて下さい」

はっきりそう聞こえたわけではないが、何かこれに近い意味合いのことを話したかと思うと、戸の側に物を置き、そのまま行ってしまった。それに対して私は、身体がけだるく、ただ布団越しに軽く会釈を返したただけだった。何か言うべきであったろうがそれもできず、うつらうつらとした状態に引きずられるようにして再び寝入ってしまった。そして、二時間程経っただろうか、まだ頭はぼんやりしていたものの、耳のどこかに「食べて下さい」という声が残っていたらしく、私は気になり、半分上体を起こして戸の方に視線を遣った。そこに何かが置かれている。

私はいざるようにして近付き、手を伸ばし、それから手元に引き寄せた。驚いたことに、それはアルミパックに入った弁当だった。私は布団の上に起き上がると、急に食欲を感じてそのままの状態で食べ始めた。が、いやに喉に支えて食べにくい。それで、枕元に置いていた湯飲みのお茶の残りやポットの冷めた湯とともに流し込んだ。味の方はよく分からなかったような気がする。何日かぶりの白い御飯だったことがわずかに頭をかすめただけである。そして食べ終えると、ぐったりしてまた寝入ってしまった。

それからどれ程の時間が経っただろうか。ふと目覚めて窓の方を見ると、すっかり暗くなっている。窓にはカーテンがないから、一目で外の様子は伺い知れる。音も少ないから真夜中に近いのだろう。そう判断したのと同時に、何かしら身体の方が少し力の入るような具合になっているのを感じる。ゆっくりと上体を起こした。それから、垂れ下がった紐を引いて蛍光灯の明かりをつけ、目を瞬かせてひょいと横を見ると、そこには空になったアルミパックの入れ物があった。

「あっ、そうか。弁当を食べたのか」

そう気付くと、余計に腹の辺りに力が入ってくるように思われた。いや、実際その通りなのだ。不思議なことに、動こうとする気さえ徐々に起こってくる。食べ物というのはやはり重要なものだ。全てのものの土台だ。食べ物は肉体を支えると同時に、思考の働きにも影響を与える。肉体が衰弱すれば、思考力も弱まる。両者は表裏一体である。自明のことと言えばそうなのだが、改めて再認識させられたのである。そしてさらに重要なことは、勿論おかずも口にしたのだが、米の力の大きさである。この時私は、かつて祖父が「今日は上まで植林するでな。仰山食べとかんとだしかんぞ」と言った言葉を思い出していた。

植林は、山の急な斜面での作業が多く、そのため大いに汗をかき体力を消耗する。それに、山のある場所は大概家から離れているので、持って行った苗木はその日の内に植えてしまわねばならない。仮に余らして持ち帰るようなことにでもなれば乾燥して弱ってしまうし、再度出掛けることが必要となり、余計な手間が掛かるからだ。したがって、食事を十分にして途中でへばらないようにし、全ての作業を完了することが大切となる。へばらないためには十分食べておくこと。このことを祖父はよく理解していた。

振り返ってみれば、祖父の許での生活では、食事内容は御飯と、じゃがいもの煮付け、茄子か時には豆腐か油揚げの入ったみそ汁、それに漬物といった具合であった。これ以外の品はまずなかったと言ってよい。同じ物を毎日毎日食べたのである。祭りの日と正月に限り肉や刺身が食べられただけである。

祖父の言う「仰山食べとかんとだしかんぞ」とは、御飯をたくさん食べておけという意味である。つまり、米は日々の栄養源の中心であったというわけだ。私自身もこれだけで大きくなったようなものであるから、米の力は偉大だと言わざるを得ない。昌益もこう述べている。

——米を食すれば精力が盛んとなり、人の心術、念慮、思惟……などがどこまでも通じ、天にも届き地にも至るようになるのはもっぱらこの米の精力のおかげである。もし米を食さなければ人は死に、心の働きもなくなり、心というもの自体が存在しなくなってしまうのである（「人倫巻」）——。

昌益自身も御飯と汁物を主にした、朝夕二回の食事を摂っていたと仙確は書き残している（「大序巻」）。昌益は米に対して絶大なる信頼を置き、自身もそれに則った日常生活を送ったということであろう。むろん、医師としての体験からも米の持つ力は認めざるを得なかったに相違ない。御飯を食し汗をかいて働く者たちは、確かに健康だったのである。米を生み出す稲は「命寿《イノチ》の根《ネ》」の略であるとする主張は（「人倫巻」）、まさに彼の実感であったのだ。それをこの一件で、私は有無を言わさず教えられたのだった。

これ以降、私は仕事を少しだけ増やし、食事はきっちり摂るように配慮した。ただ、削ぎ落とそうとする我欲と矛盾しないようにとの思いはどうしても付いて回った。そして、こうした生活を続けて二年目に入ってしばらくした頃から、変な表現だが、急に文章が恋しくなり始めた。自身でもよく分からない。とにかく本が読みたくなりだしたのである。

これは、昌益の指摘する過剰な欲望の類に入るのだろうかと逡巡した。だが、我慢ができない。私は古本屋に行って文庫本中心に片っ端から買い求めた。買い求めたといっても十冊で百円という値段である。小説、伝記、評論の類が多く、その内容からしてどこか意識的に生き方に関するものを選んでいたような気がする。そして、まるで貪るように読んだ。夜明け方まで読み更けることはざらであった。読んでは重ねて壁の側に積んでゆく。それが次第に部屋の周囲をずっと取り囲むようになっていった。それは読んだ内容を理解して順々に身に付けていくなどというのではなく、ひたすら次から次へと頭に押し込むというような読み方であった。すぐに石炭を投げ入れなければ燃え尽きてしまう、あの蒸気機関車の車夫の姿にも似ていた。こうした状態が二年間程は続いたように思う。それだけ私にとって、書物と縁を断った一年間という時間がきわめて長いものであったのだろう。

その間に、友人の結婚式の招待状が何通か舞い込んだ。一人前の社会人として皆生活の基盤を固めつつあった。なかには子供の生まれた者もいた。それに比べれば、私は社会人失格者に違いない。自分の選んだ道は険しい。このまま沈んでゆくのかもしれない。そういう気持ちが次第次第に私を捕え始めた。しかし、堪えるしかなかった。そしてこの辛さは、ますます書物へと向けられていったような気がする。

ちょうどそんな折、私は一冊の本を手にした。書名は何か忘れてしまったが、内容は比叡の山中で千日回峰行をしている行者、酒井雄哉氏の話であった。千日回峰行というのは、粗食の上に、比叡の峰や谷を距離にして毎日三十キロメートルから四十キロメートル巡って、堂塔や野仏や草木などを礼拝し、延べ千日（七年間）に渡って修行するものである。たとえ病気になったとしても、一日たりとも休むことは許されない。この間にも、五穀を断つ堂入り、一日百キロメートル近くを歩く京都大廻りなどの苦行が付け加わる。この修行によって仏と対面し、仏の境地に達しようとするのだという。酒井氏は、この行の途中で挫折するようなことになれば、常に身に付けている小刀で喉を突いて死ぬ覚悟だという。あるいは、事故か何かで倒れて死ぬようなことになれば、己の死体を処分してもらうための費用としてお金を身体に括り付けているのだという。

私はこんな生き方をしている人もあるのだと初めて知り、驚いた。そしてさらに驚いたことは、酒井氏の好きな言葉が「無始無終」だったということである。これこそ、昌益が最も重視した「活真」(万物の根源)を形容する言葉ではないか。昌益は「大序巻」の冒頭でこう述べている。

——自然とは「互性・妙道」の呼び名である。互性とは何か。それは始めも終わりもない(無始無終の)土活真の自己運動であり、小さくあるいは大きく進んだり退いたりすることである——。

「活真」という根源的な物質が進んだり退いたりすることによって、万物が生じ、自然が生成されると主張するのである。この「活真」の動きには、始めも終わりもない。無窮の営みが延々と続いているという認識である。以前にも触れたが、昌益は僧堂での座禅の修行を積んでいる。彼の悟りの契機は、水たまりに映った空であったとの記述がある(「糺仏失巻」)。仏道修行を体験した昌益と、その修行中の身である酒井氏との間には、捉え方の面で何か近似した点があるのだろう。むろん、修行の中味はそれぞれ異なっていて、宗派も別ではあろうが。しかしそれでも、両者が「無始無終」という実感を共有しているのは確かである。酒井氏は今比叡の地を回られている。私が住んでいる場所とは目と鼻の先である。そう考えると、何かずっと長い間圧縮され、閉ざされたままであった心の内に、少しだけ光が差し込んでくるような気がするのであった。

この当時私が住んでいた下宿は随分古びた様で、くすんだという形容がぴったりのアパートであった。通りがかりの人に、

「こんなとこにも人が住んではるんや」

と、驚きの言葉を投げ掛けられるようなそんな所であった。当然空き部屋も多く、夜になると、数える程の明かりが点々と見えるだけであった。ただ、そうは言っても、長所が全くないという訳ではない。立地条件に関しては、他の追随を許さない程素晴らしいものであったからである。

この建物は鉄筋の三階建てで屋上があり、私は決まってそこに行き、手すりに寄り掛かりながらよく周囲を見遣ったものである。小高い所にあるこの建物のごく近くまで山が迫り、鳥の声が盛んに響いてくる。方角で言えば、西側が緑の木々で囲まれている案配だ。反対の東の方には市街が広がり、ずっと見渡せる。その向こうには東山の峰々が浮かび、一番高い所の比叡山も一望のもとである。見晴らしとしては抜群であり、都会の、それも市街地の一角に、このような場所が残されていること自体希有なことであろう。そ

して、この一等地にくすんだ建物があり、安い家賃で提供されていること自体もまた、希有なことであった。

屋上に上がり、近くに迫っている山の木々を見詰めていると、小学生の頃、山仕事に出かけた際のことが思い出されてくる。学校から帰ると、すぐに荷車を引いて山に向かう。そこでは、枯れ木を焚き木用の長さに伐り、これを揃えて縄で縛る。風呂やかまどの燃料作りである。まだ、ガスは使用していなかった。鳥の声や木の葉の落下する音、谷川の水音などを耳にしながら一人で行う作業は、安心感を伴っていた。焚き木を燃やして沸かした風呂は疲れを取り、次の日の作業を約束するし、かまどでは御飯や煮物が炊かれ、空腹を満たし、体力を付ける。自分がしていることは少なくとも家族に対しては幾ばくかの貢献であり、この作業には意味があった。そしてそれは同時に、私の心を軽くしてもいたのである。

そもそも山というのは不思議なもので、日常生活とは少し離れているせいか、立ち入る時にはやや改まった気持ちになる。それに、山の匂いがこの気持ちを一層強いものにする。それは田や畑とは異なり、土以外にもっともっと緑の息や、一方で枯葉や枯木の匂いが濃厚に混じり合っていて、田や畑は「生」の、山は「生と死」を共に含んだ匂いとでも表現すべきものだった。この山の匂いは何か自分自身を思い返す瞬間を作り出し、自分も死ねばこの枯葉のように、土に帰るという謙虚さを自然に生じさせる働きをする。山の匂い。額の汗。手の平を茶褐色に汚している木の脂。周囲と自分自身とが死までの同一の流れの中にあるという実感も山仕事からは生まれるのだった。

そう言えば、昌益の著作の中では、山について取り上げられることは比較的少ない。「山に近い所では、山の木を伐採して薪にするのがよい」（「良演哲論巻」）とか、「聖人が山中の金を掘り出し、銭を鋳造して通用させた」（「紀聖失巻」）とか、活火山のことであろうと思われるが、「高山の頂上では常に火を発している」（「人倫巻」）とか触れられている程度である。木の種類にしても生育条件などには言及されず、楠、樫、杉、檜、伽羅、桐など色々あるとの説明に留まっている。この理由ははっきりしている。昌益は言う。

――山林に入れば食べ物があるはずがなく、木の実や草の根を食い尽くしてことごとく餓死してしまう（「紀聖失巻」）――。

山中では食糧としての穀物が得られないため、人間は生きていくことができないと考えるからである。昌益の視線はもっぱら穀物を生み出す土地に向けられている。そこでこうも言う。

――米が人間そのものとなったので、人間が多くなってからは原野に稲が生ずることはなく、もっぱら人に関わるものとなっている。だが、もし人間がすべて死に絶えてしまうようなことが今起きれば、人間の精は米に帰るから、稲はまた原野に満ち溢れることになる（「人倫巻」）――。

昌益の頭の中にはこういう図式がある。人間が生まれる以前には、原野には稲が生えていた。これから生まれてくる人間の食糧のためである。この世に現れた人間は誰から教えられることもなく、まずこの稲から得られる米を食糧として成長する。やがて、原野を開墾して田や畑に作り変え、積極的に稲作に取り組み始める。ここから得られた米を食することによりますます精力が増し、その結果子が生まれ人の数が増えていく。次第に田畑も、米の収穫も増加していく。それにつれて、人の手の届かない原野には稲は生じなくなるというのである。

つまり、人間の数と原野の稲のそれとはシーソーのような関係を持ち、特に、この原野に対する人間の働き掛けという側面が重視されていることが分かる。言い換えれば、昌益は生と死を穀精＝活真が進んだり退いたりする結果だとしてそこに何らの区別も設けないのではあるが、穀物を産み出す田や畑、「生」の匂いを漂わす場所に視線は向けられており、やはりとりわけ「生」に、「人間」に力点を置いていることが明瞭になってくる。汗を出し耕すのはまさに人間としての証であり、この営みからは「生」の充足感が湧き起こってくると捉えているのである。

それにしても、山仕事をこなしていた当時の私に比べて、現在の自分はどうしたことだろう。自分自身を支えるだけのお金を稼ぎ、食べて眠る。ひどく狭くて、情けない状態のように思える。あの意味のある作業と共に大きくなった私は、今意味のない生活をしてただ生き長らえているだけではないのか。昌益の生き方とは異なると判断し、大学院を飛び出し、心が幾らかでも軽くなるのではと考えていたのに、そうはならない。手すりの赤錆が指に付き、足を動かすと屋上のひび割れた表面ががさごそと音を立てる。全体が亀の甲のように脆くなっている。この割れ目から雨水が入り、さらに下の方に染み込んでゆく過程を繰り返しているのだろう。私の生き方も同様に脆いだけのものではないのか。
東山の一角に比叡山が見える。そこで回峰行をされている酒井氏は三人の師、坊さんとしての先生、学問の先生、回峰行の先生を挙げて、良い先生に恵まれ、良い環境に住まわせてもらうことがいかに大事かを説いておられた。それは、開祖である最澄の次の言葉を受けたものである。

「凡そ住山の学生、固く一十二年を経て、式に依って修学せば、大法師位を慰賜《いし》したまへ。もしその業具せずと雖も、固く山室を出でずして一十二年を経ば、法師位を慰賜したまへ」（「山家学生式」）。

ここでは、十二年間山に籠って規則に従い修行することがきわめて意味のあることとして強調されている。仮に修学が満たずとも、十二年という修行の歳月は何程かのものを人に授けるであろう。言い換えれば、これは、師の設定した規則と、修行のための場所である山とが不可欠なものであることを指し示している。つまり、人が成長するには「師」と「場」が必要ということだ。酒井氏は数十年に渡って、三人の師の指導を受け、比叡山という場所を得て、修行を続けてきたことになる。
それに比べて私はどうだろう。今の私は、この両者を共に全く欠いた生活をしているのではなかろうか。食べて眠るだけというのはその最たるものではないのか。昌益は、「自備・自知」（「大序巻」）として、師からの教えによってではなく、自分自身に備わった活真の力によっておのずと知ったのであると述べ、具体的には、「ただ常日頃、囲炉裏を見詰め、顔を観察し、我が家の囲炉裏と自分の顔に現れる働きから、これを知りつくしたのだ」（同前）と、囲炉裏や顔の観察を通じてこの活真の営み全体を理解したのだと説明する。

だが、こう自信を持って言えるのは、それまでに学んだ様々な知識の蓄積があったためであろう。医学的な知識もなく、ただ単に人の顔を見詰めているだけでは諸器官の相互の働きを察知することなどできないはずである。基本的な知識がまずあって、その上で疑問を投げ掛け、次いで再び観察して熟考するという、幾つかの段階を経て初めて可能になることだからである。

昌益は、当然師を得て多くのことを学んだのである。敢えて「自備・自知」と強調するのは、既成の教えでは偽りが、差別が正当化され、それが自明のこととして流布している状況への憤りからである。これは、「そのような教えからは私は一切学ばぬ」という決意表明でもあるのだ。こう考えると、基本的な知識も不十分で、「師」からも離れ、「場」もない今の私には、言い知れぬ不安が再びひたひたと忍び寄って来るのであった。

九章　転機

大学院を出て五度目の春が巡って来た。京都は三月の末辺りから急に人の姿が目立つようになる。観光客と大学生が春の陽射しと共に戻って来るからである。桜の名所は一層の人だかり。特に、大沢の池の桜は周囲の景観と溶け合い、まさに王朝の雅の再現と言ったところか。霞んだような花景色はやはり人の心を弾ませる。風がそよぎ、水面にピンクの花模様が浮く。それがまた桜の美しさを倍加させる。だが、花びらに触れてみると意外な程冷たいことに気付こう。その散った花びらが片隅に残り、遅咲きの御室桜が盛りとなった頃であった。

以前、吉川幸次郎氏が、「漢文に関しては石川淳氏は間違いない」と書かれていたのを目にしてから、私は気になって石川氏の著作を読んでいた。これには理由がある。少し回り道になるかもしれないが、説明を加えておきたい。

昭和四十一年から四十二年にかけて、奈良本辰也氏が『統道真伝』全五冊の書き下しを岩波文庫から出した（上下二巻）。その解説の中で、昌益の文章がまずく、徂徠や仁斎ほどの学殖もないとの指摘がされている。砕いて言えば、深い学識がないので文章としての漢文も下手であるということだ。比較のために徂徠（一六六六—一七二八年）と昌益の文章を敢て白文で、次いで書き下しを並記してみる。

「道難知亦難言。為其大故也。後世儒者。各道所見。皆一端也。夫道。先王之道也」（「弁道」『日本思想体系』三十六巻所収）。

——道は知り難く、また言ひ難し。その大なるがための故なり。後世の儒者は、おのおの見る所を道とす。みな一端なり。それ道は、先王の道なり」（同前）——。

「自然進退一気曰之道也。若一進一退為二言二別則。非自然真道也」（「人倫巻」『安藤昌益全集』二十巻所収）。

——自然の進退する一気、之れを道と曰う。若し一進一退、二言二別と為る則は、自然真の道に非ざるなり」（「人倫巻」『統道真伝』上岩波文庫所収）——。

読者はこれらの文章をどう捉えられるであろうか。これらはほんのごく一部であるから、判断するのは難しいであろうか。昌益の著作全体を眺めた私からすると、昌益の場合確かに、ほとばしり出るものを一気呵成に書き上げたという印象を得る。これに対して、当時の優れた漢学者であった徂徠の場合には、熟考し、不必要な字句を削り、過不足なき見事な文章ということになるのであろう。

私は漢文の素養などないに等しい身であるから、詳しいことは分からない。だが、この奈良本氏の指摘を受けて、優れた漢文とは何かが気になり出した。そこで、漢学者として著名な吉川幸次郎氏の著作に向かうことになり、やがて、先程の石川淳についての記述に出会うことになったのである。

これまでに読了した石川氏の作品は圧倒されるものばかりであった。その博識は、漢籍の読破からもたらされたのであろうか。要を得たテンポのある文章。私はすっかり魅了されてしまっていた。そして、今また、読みたい衝動に駆られたのである。私はさっそく古本屋に足を運んだ。だが、氏の文庫本は限られていた。奥の棚に並べてある全集はまとめ売りで、金額的にとても手が出ない。しかし、読みたい。仕方なく、一般の本屋に行き全集の前に立った。そして、一つ一つ取り出しては目次を追っていった。一冊しか買えないためにどれにするか選ぼうとしたのである。

何冊目だったろうか。「江戸人の発想法について」という文字がいきなり飛び込んで来た。私は吸い寄せられるように、じっと見詰めた。安藤昌益も江戸時代の人である。発想法とは、物事をどう捉えるかの、その捉え方についてである。文章は十ページくらいの短いものである。この時私には、何か予感めいたものが走るのが分かった。持って帰る時間が惜しくなり、これをその場で立ったまま読み始めた。結果は衝撃の連続であった。後頭部をハンマーで殴られたような具合であった。

「江戸人にあっては、思想を分析する思弁よりも、それを俗化する操作のほうが速かったからである。かれらにとって、象徴が対応しないやうな思想はなきにひとしかった」。

「天明狂歌は仕事ではなくて運動であり、天明狂歌師は人格ではなくて仮託だからである」。

話は江戸文学についてである。しかしこの場合、文学であるか思想であるかは問わなくてよかろう。要は、江戸人は細かく切り刻んで掴み取ろうとするよりも、もっと俗っぽい何かにたとえて、「これだ」と呈示することに長けていたということである。この何かにたとえられないような思想は死んだも同然と見限ってしまうのであって、これは言わば、時代の一つのうねりのようなものであったとするのである。

私はこの指摘からすぐさま、「何かにたとえられる」ということに関心が向くのは、それだけ江戸人が幅のある捉え方をしていたのであろうと理解した。そして次いで、昌益思想の重要な概念である「直耕」、「互性」、「活真」、これらももう一度捉え直してみる必要があるのではないかと考えたのである。たとえば、「直耕」は「直接に耕す」という意味に理解してきたが、「直耕」と呈示された時当時の人々は、単に「耕し」ではなく「素晴らしい耕し」というようなイメージを抱いたのではなかったか。言い換えれば、「直」には誰からも批難されることのない、堂々としたという意味が含まれていたのではなかったか。「耕」にしても、土を耕すということだけでなく、筆を持って書物を書き上げることや、あるいは、日常生活の営みまでをも指すような理解が可能だったのではないか。

また「互性」にしても、「性を互いにする」という意味だけでなく、そこには既成の「性」に対抗する全く新しいイメージが加わっていたのではなかったか。ちょうど、暗い、劣った「性」に対して、明るく、健康的な「互性」と言ったような。ひょっとすると「互性」は、田植えの際に横並びに苗を植えていく農民の姿まで想像しうる表現だったのかもしれない。

さらに「活真」にしても、「真」プラス「活」ということであるから、これこそ紛れもなく本物だという意味合いが強調されていたのではなかったか。だからこそ活活と（生き生きと）しているのであると。

このように、昌益も、門人も、大館の農民も、言葉に対してもっと幅のある捉え方をしていたのではなかったかと私に再考を迫ったのである。それは、今までの私の理解を根底から揺さぶるものであった。私はしばし、立ちすくんだままの状態であった。やがて我に返るや、すぐさま飛ぶようにして下宿に帰った。恐らく、血相を変えたという表現にふさわしい有様であったと思う。そして、改めて昌益の著作を読み返し始めた。

数週間が過ぎていった。得た結果は明瞭であった。幅を広げてみても意味が十分通ること。いや、その方が俄然思想内容も深まること。この時私は、連鎖の糸に絡まれるがごとく、狩野亨吉のことを思い浮かべた。

狩野亨吉（一八六五―一九四二年）は昌益の発見者というだけでなく、稿本『自然真営道』全体に目を通した唯一の人物である。というのも、吉野作造の懇望により大正十二年（一九二三年）東京帝国大学にこれらを売却したものの、その年の九月関東大震災が起こり焼失してしまったからである。以後の研究者は、この稿本『自然真営道』に関しては、売却以前に同大学史料編纂掛長の三上参次に貸与されていて偶然焼失を免れた十二冊に触れるだけとなる。（但し、残された十二冊は運よく昌益思想の中核の書となるものを含んでいた。また翌年（一九二四年）、狩野は「人相視表知裏巻」三巻の写本を手に入れている）。また、狩野は東京帝国大学で理科を出た後、文科へも進み、数学、物理、哲学などを修め、後に京都帝国大学文科大学長にまでなった人物で、特に古書の蒐集、それに関する知識は大変なものであった。

「彼の古書にかんする知識は、ものすごいものであったらしく、古い書物の由来、内容、価値をそらで本屋に教示して敬服されていた。このような古本屋と自称されるほどの蒐集癖こそ、昌益発見の機会をまちがいなく彼に与えたといってよい」（鈴木正『日本の合理論―狩野亨吉と中井正一』）。

さらに、誕生の時期からも分かるように、昌益研究者の内ではもっとも江戸時代に近く、その上漢文の素養も深く、昌益の意を汲み取るには最適の人物に違いなかった。

こうした人物が昌益の思想をどのように理解しているのか。それが気になったのである。そこで、昭和三年（一九二八年）『世界思潮』に発表された「安藤昌益」を読み直してみることにした。

全体としては、昌益が平和主義の人であったとの主張が前面に押し出されている。その理由として、常識人であったこと、温和柔順の人であったこと、そして肝心なこととして、「互性活真」の捉え方による必然の結果であったことが指摘される。

「なるほど互性のものであってみれば相持でなければならないのであるから、争うべきものではない。もし争えば争うものの一方が斃《たお》れるか、双方が共斃れとなるか、またいつまでも争いを継続するかに極まる。共斃れの場合は論外として、一方だけが斃れ、片方が残った場合は、互性の見方からすると意味をなさないこととなる。またいつまでも喧嘩するくらいならむしろ早く和睦して互性の実を挙げた方が道にもかかない幸福でもあるのである」。（狩野亨吉『安藤昌益』）

「互性」の捉え方の中には、平和を希求する力が内在していると見るわけである。さらに狩野によれば、この「互性」の捉え方の出発点は親と子の関係にあるとされる。すなわち、子供は親から生まれたと知ることにより、まず自分と親との相対関係を身近に認識することになる。次いでこの関係は兄弟、夫婦へと拡大してゆき、やがて、苦楽、善悪、空有、正邪などあらゆる事物が皆単独には考えられないものであることにまで行き着く。その上、いずれもが事物に即して見る立場にあるとしてこう述べる。

「しかし同じく相対とはいい互性活真にはたしかに特色がある。どこまでも事物を離れずして、事物その物なりと取って行くところに、素朴ながらに甚だ力強いものがある」。（同前）

すべては具体的な事物から出発する。そして、論を進めていっても常にこの原点に根差している。つまり、互性という理論は、母親が子供を抱いている姿から出発しそこを離れない。言い換えれば、「互性」と言った時、母親に抱かれた赤子までをも想起しているということだ。明らかに、狩野自身も幅のある捉え方をしていると見てよい。

うかつながら以前の読みでは、私はこれに気付くことができなかった。狩野の、こうした具体例を挙げた説明は、読者の理解を助けるための工夫とばかり考えていた。だが、それは間違いである。狩野の中には、江戸人の発想法が十分に残っているのだ。この捉え方は彼にすっかり浸透していて、逃れることなどできないのである。

私は、「直耕」や「互性」といった昌益思想の基本的な概念を再検討する必要性を感じた。いや、「直」「耕」「互」「性」といった文字が意味するところを、一つ一つ、確認していくことが重要だと考えた。そうでなければ、昌益の真に意図したところは捉え切れないであろう。だが、文字から押さえてゆくとなれば、多くの文献、辞典などを参照しなければならないであろう。この一点を取ってみても、現在の自分自身を取り巻く環境は研究には向かないものと言わざるを得ない。何と正反対の立場に居ることか。私は、三人の師と比叡山という環境について語った酒井氏のことを思い浮かべていた。

再び、数週間が過ぎていった。私は賀茂川のほとりをW先生の自宅に向かって歩き出していた。底の浅い水の流れがきらきらと輝き、風が少し温かみを伴って頬を掠めていく。右手に見える植物園の木々も緑色を増している。初夏の息吹きが徐々に周囲を覆い始めていた。

振り返ってみれば、私は何の断りもなくW先生の下を飛び出している。それは願書を破り捨てたきり、突然姿を消したに等しい状態であった。何も告げることができない程、自分自身が嫌になっていたのだった。きっと先生は腹を立てられたに違いないと思う。そしてその後、お会いすることもなく現在に至っている。そんな私が、のこのこと顔を出そうとしている。ひょっとすると話さえ聞いてもらえないかもしれない。今頃何の用だと怒られて追い返されるかもしれない。様々な思いが頭の中を駆け巡る。その都度歩みが遅くなる。しかし、もう一度昌益の研究をしたい。どうしたらよいのかと迷って、意を決して訪れようとしているのではないのか。そう自分に言い聞かせては、また歩を進めてゆく。

修士課程を終えた時の気持ちと、現在のそれとは変わっているはずだ。より純粋な意味で昌益に接近したいという思いになっている。とことんまで突き詰めてみたいと考えている。だが、これは昌益の言う過剰な欲望に当たるのだろうか。もっと自分自身を問い詰めよと迫られるのではないか。足を止めて一息入れた時、背後からふと声がしたのを私は聞いた。

「生きるとは、無始無終の魂が進んだり退いたりすることなのだ」

勇気づけられるように、また歩を進める。北山通りを右に折れ、そのまま東に向かい、植物園の北端を経て、W先生の家の前に立った。車庫には車が置いてあって在宅なのが分かった。懐かしいインターホンが目に飛び込んで来る。私は息を整えてからそれを押した。

「はい」

「三品ですが」

「おっ」

少し驚かれたような響きを伴っていた。やがて玄関の戸が開き、右手を額の辺りに置いたW先生の姿が現れた。私は深々と頭を下げた。短い沈黙があった。すぐに先生の右手が手招きするように動き私は部屋へ通されたが、その間に、どう話を切り出そうかと考えていたことなどすっかりどこかに飛んでしまっていた。そして腰を下ろすと同時に、何かに押されるように口を開いた。

「もう一度大学院に戻って研究をしたいのですが」

なんと突拍子もない言い草であろうか。まずお詫びをするのが筋であろう。今考えれば汗顔の至りである。ところが、先生はすぐさまこう応じられたのである。

「そうでしょう。そうでしょう」

そうとだけ言って立ち上がると、庭に面したガラス戸を開けられた。再び沈黙があった。私は先生の背中を見ていた。私の気持ちは既にはっきり見て取っておられたのだ。そう思った。無断で大学院を飛び出したことについての批判めいた言葉は一切ない。少し白髪が増えたように見えた。私はうつむいた。大学院を去ってからの五年以上の歳月は、あまりにも長いように思えた。

十章　字義の再検討

私は翌年三月の試験を受け、博士後期課程（制度の改革により、博士課程はこのように改められた）に入学した。奨学金も申請した。今までの生活の反省から、研究時間をぜひとも確保したかったからだ。奨学金は三年間しか支給されないので、その間に徹底的に各文献を比較検討し、なんとか論文にまとめたいと考えていた。

研究方法は既に頭の中にあった。まず「直耕」に絞って見てゆく。この際さらに分けて、「直」と「耕」の意味するところをそれぞれに探ってゆく。具体的には、昌益の作成した漢和辞典である「私制字書巻」、現代の字源辞典、江戸期の漢字に関する著作を比較し、「直」「耕」の指し示すところを捉える。これは江戸時代と現代との二方向からの接近であり、重なる部分、異なる部分がより鮮明になると考えた。

さらに、昌益の著作中ではこれらがどのように使用されているのか。他の同時代の代表的な思想家である、たとえば伊藤仁斎（一六二七―一七〇五年）や荻生徂徠（一六六六―一七二八年）ではどうか。また、庶民が手にする浮世草子や川柳などの類ではどうなっているか。根気よく、手順を踏んで進めてゆこうと考えていた。それに、ちょうどタイミングよく『安藤昌益全集』が順次発行され始めていた。研究から遠ざかっていた者としては、当時の第一線の昌益研究状況がまとめて理解でき大変に有難かった。

この『全集』にある、寺尾五郎氏の「私制字書巻解説」によれば、「私制」というのは「私製」ではなく、「聖人が私欲に基づいてこしらえた」という意味を持つらしい。したがって、「私制字書巻」は「でたらめな字引の批判の巻」ということになる。また、こうした「私制」による文字は全廃すればよいのであるが、それは実際問題として困難であるから、これを最小限度に制限する「漢字制限論」の意も合わせ持っているとされている。そこで、具体的にはどう記述されているか見てみると、たとえば「米」の場合。

「米《ベイ》ハ『穀ノ実《ミ》』トノミ云ヒテ、穀ノ長ナルコトヲ知ラズ、米ノ字ノ所以無シ、重妄ノ愚失ナリ」（「私制字書巻」一）。

「米を『穀物の実』と説明するだけで、米が穀物の中でもっとも重要なものであることが分かっていない。しかも、字解がないから愚かなことこの上なし」と批判する。また、「行」の場合。

「行《カウ》ハ『歩ナリ、往ナリ、去ナリ、用ナリ、路ナリ』、行用ノミ数論シテ曾テ行ノ字ノ所以無シ、故ニ失リナリ」(同前)。

「行というのは『歩く、往く、去る、用いる、路(道)を示す』として用例ばかりをあれこれ挙げているが、これも字解が全くなく誤りである」と同様に批判する。

つまり昌益は、内容のことも勿論であるが同時に、字解がないことを問題にするのである。ここで批判の対象とされているのは当時最高の字書とされていた、寛文十二年(一六七二年)の京都島本作十郎・風月荘左衛門版『字彙』である。そこで少し時代が下るが、手にすることができた天明七年刊(一七八七年)『頭書字彙』を見てみると、なるほど昌益の指摘するように字解が少ない。たとえば「夫」について『白虎通』から引用し、

「大夫ハ人ヲ扶達スル者ナリ。又丈夫ハ周ノ制ニハ寸ヲ尺ト為シ十尺ヲ丈ト為ス。人ノ長サハ尺ナル故ニ丈夫ト曰フ」(「丑巻」)

とあって、字意には触れているものの字解はない。また「自」については、

「鼻ナリ。鼻形ニ象ル」(「未巻」)

「止」についても同様に、

「草木出テ址有ルヲ象ル」(辰巻)

とわずかに字解に触れられている程度で、全体から見ればきわめて少ないと言える。この「址」というのは、草木が生えた所に足跡が残っている様を示した形だという意味であろう。これに対して、昌益の場合は次のような字解を行うのである。稲の育った様を図で示しながら、「米」についてこう説明する。

「禾《イナクサ》盛ンニ育チ葉開ケテ穂出ヅル貌字《タ》ナリ。米《ベイ》ハ進火音ニシテ漢音。『ヒイ』呉音。『ヒン』唐音。『コメ・ヨネ・イネ』和訓」(「私制字書巻」一)。

「禾」の上部の「ノ」の部分が成長して葉の開く形、「丷」となり、結果「米」という形を表すのだとするのである。また「行」については、文字を分解して次のように説明する。

「イ《コレ》ハ人ノ立《タ》チ息《ヤス》ミタル貌《タ》、二《コレ》ハ両手伸べ出シタル象リ、亅《コレ》ハ一足蹈《フ》ミ出シタル象リナリ、故ニ行《ユク》ト云フニ象リ字ナリ。行《カウ》ハ進木音ニシテ漢音。『ギヤウ』ハ呉音。『クン』ハ唐音。『ユク・ヲコナフ・ミチ・ツラナル・アユム・ハタラク』和訓」（同前）。

一見滑稽にさえ感じる説明であるが、しかしよく見れば、昌益の例の観察眼が働いた結果だということが分かってくる。

当時は字解についての研究は深まらず、且つ重視されることはなかった。字解が注目され始めるのは十九世紀になって甲骨文字が発見されてからである。だが、昌益にとって既成のイデオロギーを批判するためには、言葉の持つ意味に留まらず、その言葉を構成している文字の字解にまで踏み込む必要があった。そうしないと、流布している様々な教えの欺瞞を鋭く突くことができないと考えたからである。これは、凄まじいまでのエネルギーを注ぎ込む徹底者の姿であろう。

もう一点、付け加えておきたいことがある。それは字解の後で必ず読みに触れることである。言葉の源は肉声であるとして音韻を重視するからで、昌益は基本的には、人と人とのコミュニケーションには、二別（差別）などが付着してこない表音文字（たとえばカタカナ）で十分だと判断していた。

では、「直」から見ていくことにしよう。この際、字解や字意に焦点を合わせるので、読みの部分は特に必要でない限り省くことにする。また、多くの例を示せば良いのであろうが、くどくなると思われるので、それなりに相応しいものに絞って論を進めることにしたい。

まず、現代の字解を見てみると、「直」とは「省」から分岐した文字であり、「省」は「目」の上に呪飾《じゅしょく》を付けた形で「監査を行う」の意を示す。同様に、「直」の上部の「十」は目に呪力を加える呪飾であり、「乚」は「隔てる」の意を示しこの呪能を匿《かく》す。つまり、「目に呪力を与え、それによって正しく見る力を得、この力を自分自身の身に付け、この力によって悪邪より人を守ったり、また、悪邪を祓《はら》ったりすることを示す」とある（白川静『字統』）。分かりやすく言えば、「正しく見る力が備わる」という意味が基本にあるということだ。この力があれば、物事はきわめて正確に捉えられる。歪んだ見方をすることもなければ、我欲に捕われ誤った判断を下すこともないからだ。そこでここから、「曲がりなし」、「私欲なし」、「正しい」という意味が派生してくることになる。

次に『頭書字彙』を見てみると、字解はないが種々の文献からの引用があり、「曲がりがないこと」「伸びること」「骨直とは強毅のこと」（「午巻」）などの意味が併記されている。やはり、「歪むことなく、真っ直ぐに」という捉え方が看取できる。また、戯作者の式亭三馬（一七七五―一八二二年）は『浮世風呂』の中でこんな風に「直」を用いている。

「折く毒性な事いはんすけれど、一体の性根は直《ちょく》なお方ぢゃナ」

「口は悪いが性根は裏のない、すっきりしたお方だ」という意味になろう。もっと言えば、この「直」には「真っ直ぐな」、あるいは「真面目な」という意味合いも当然含まれてこよう。さらに、昌益と同時代の思想家である伊藤仁斎の場合を見てみると、「和」と「直」を併記しながら次のように捉えている。

「けだし和すれば暴厲ならず、直なれば邪曲ならず。和なる者はおのずから寛く、直なる者はおのずから正し。和する者は圭角の露わるる無く、直なる者は智計の巧無し」（『語孟字義』巻の下）。

「直」に注目すれば、邪曲とはよこしまでねじけていることを言い、智計の巧とは計略を使う巧妙さを言う。そして、計略はその背後に己の欲望を隠すと見てよいであろう。つまり、直であれば曲がりなく、直なる者は正しく、直なる者は私欲なしという先に挙げた三点を仁斎は指摘していることになる。もう一人の思想家、荻生徂徠の場合には、治世を第一と考える立場から、もっぱら「直」の「曲がりなし」という側面にスポットを当てる。

「直なる者は曲の反なり。その、徳におけるは、己の義を伸《のば》して人に曲従せざるを謂ふなり。『道を直くす』とは、その道を枉げざるを謂ふなり」（『弁名』上）。

「直」の反対は「曲」であり、「直」は曲従しないこと、枉《ま》げないことであり、ここに言う「道」とは、安定した治世を維持するために先王（中国古代の理想の君主）が立てた方法を指している。つまり、徂徠は明らかに次のことを強調したいのである。

「規に循《したが》へばすなわち円なる者正しく、矩に循へばすなわち方なる者正しく、準縄に循へばすなわち平直なる者正し。先王の道は、規矩準縄なり。故に先王の道に循ひてしかるのち正となる」（同前）。

規（コンパス）、矩（さしがね）、準（みずもり）、縄（すみなわ）を用いれば、円も方形も、水平になっているかどうか、曲がっていないかどうかも全て正確に測ることができる。先王の道とはまさにこの規矩準縄であるから、これに従って初めて事はうまく運ぶのだと。先王の道は各人がそれぞれの役割を持ち場で果たすこと（己の義を伸ばすこと）を要請しているが、その大前提としては、先王の道を歪めずそれに従うことが肝要なのである。徂徠が念を入れて枉げないことに言及するのはこのためである。

それでは、昌益の場合はどうか。「直」の字解を見てみると、人が正座した姿を示しながら、次のような説明を行っている。

「正居・平坐・慎徳・無私ノ象リ字ナリ」（『私制字書巻』一）。

居住まいを正して偏りなく座り、徳を慎んで私心のない状態を象《かたど》ったものと捉えればよいのであろうか。ここでは「直接に」の意味が特に挙げられていないことに気付く。「私制字書巻」三の「目」による項目の分類箇所では、和訓として「スナオ」「タダシイ」と読ませていることにも注意する必要があろう。著作中では、「直ちに穀を耕す人は真人なり」（「糺仏失巻」）のように、「直接に」の意を持つ表現もないことはないのだが、全体としては圧倒的に「直耕」という形で使用されることが多い。

「聖釈出デテ上下ノ私法ヲ立テテ以来《このかた》、上ハ不耕貪食シテ転道ヲ盗ミ、栄侈ヲ為《な》スノ欲心、下ハ之レヲ羨ムノ欲心、欲心募《つの》リ乱ヲ起シ、上下妄迷ノ欲心、衆人ハ直耕ヲ責《せ》メ採《と》ラルル悲患ノ心、釈ガ為《メ》ニ獄《ダマ》サレ極楽成仏ヲ願フノ欲心、金銀通用始メテ、上下之レヲ惜シムノ欲心、転下一般、欲心妄盛ス」（「大序巻」）。

「直耕」の反対は明らかに「不耕貪食」であり、この「不耕貪食」を引き起こすのは各人の過剰な欲心であることが分かる。したがって先の昌益の字解を加味すれば、「直耕」は己の心に照らしてみて、過剰な欲心のない耕しとでもなろうか。この場合、通常の食欲、性欲などは自然なものとして認めている訳で、これに対してここで批判されるのは栄華、奢侈《しゃし》、金銭などを必死になって手に入れようとする欲望である。言い換えれば、自分の欲しいままに求める心—私心を指しており、昌益は「私」について「私《ぬす》む」と表記している。これらを踏まえて訳してみることにしよう。

——聖人や釈迦が現れて上下の二別の制度を作り上げて以来、上は働きもせず貪り食って天地の法則を冒し、栄華や奢侈を求める欲心を抱くようになった。下は下でこれを羨む欲心を抱き、これが募って乱を起こすまでになり、上下ともますます迷い、欲心に一層惑わされるようになったのである。もともとこうした過剰な欲心とは縁のなかった民衆も、その波に巻き込まれ、奪い取られる悲しみに遭遇し、また、仏教に騙されて極楽成仏を願い、あるいは、金銭の流通によって上も下もこれを貯め込もうとするなど、世の中が全て欲望の渦に巻き込まれてしまっている——。

以上、かいつまんで「直」について見てきたが、まとめてみると、当時の意味するところは現在よりも幅広く、「素直な」、「正しい」という見方が一般的で、特に昌益においては人間の欲望に注目しており、「私心がない」という状態に重きを置いていたと言えるのではないだろうか。

一方「耕」はどうかと言うと、現代の字解では、「耒（すき）」と「井」からなり、「井」は型、枠の意を示し、「耒」を用いて形を整えて土地をたがやすこととある（諸橋轍次他『広漢和辞典』下巻）。昌益もすきを図示して、

「木ヲ以テ制《コシラ》ヘタル耒〈スキ〉ノ似《ニ》セ字ナリ」（「私制字書巻」一）

と土地を耕すことと捉えており、『頭書字彙』でも字解はないが、

「田ヲ犂《すく》ナリ。神農ノ時天粟ヲ雨《ふら》ス。神農田ヲ耕シテ之ヲ種《ま》ク。古ノ時タダ人ヲ用ヒテ耕ス。牛耕ハ漢ノ趙過ヨリ始ルナリ」（「未巻」）

とあって、これも土地を耕すこととしている。このように「耕」は本来土地を耕すという意味であることが理解される。したがって、作物を作るという場合には「耕作」、植え付ける場合には「耕種」「耕植」、作物を刈り取る場合には「耕穫」のごとく、他の文字と組み合わせて使用される。特に『農書』などの専門書となるとこうした区別が必要になる。だが、土地を耕せば当然その後に種を蒔いたり、苗を植えたり、収穫したりするという一連の作業が想定されるから、一般的には次第に、「耕」には土地を耕すだけでなく作物を作るという意味も合わせ含まれるようになってゆく。たとえば徂徠は、農民が百姓の生活を捨てて商人になろうとしたりして、農村が衰微し人口分布が偏ってゆく状況について、次のように指摘する。

「又当時所々ニ新田開発アルニ、多クハ江戸ノ者請負テ開ク故、耕ス人ナク、其所ノ人ヲ雇フニ、其

所ニモ今ハ人無シ」（『政談』）。

対策としては人返しなどの政策を取るのが賢明だとするのだが、この「耕」には明らかに作物を作るという意味が与えられていよう。昌益の場合も、土を耕し豆類を得て味噌を作ったり、麻や綿花を育てて衣料の原料を収穫したりといった意味を持たせて次のように述べている。

「莢《サヤ》穀ノ類、大豆・小豆《あずき》・角豆《ささげ》・仰豆《ソラマメ》、能ク耕シテ味噌ヲ作リテ食フベシ。麻綿ヲ耕シテ織リテ衣《キ》ルベシ」（『真道哲論巻』）。

ただここで少し触れておきたいのは、「耕」と「作」との違いである。徂徠においては「耕」の代わりに「作」を平気で使用したりするが、昌益においては注意深い配慮がなされているということである。と言うのも、もともと「耕」というのは土を整え、種を蒔き、雨や太陽の恵みを待つという、自然と人力との共助を前提としている。これに対して、「作」の字の「乍」は小枝をたわめて結び垣などを作る形であり、この形に人（イ）がするのを「作」と言い（『字統』）、したがって人力の意が強く働く。そこで昌益は「作」を、

「人、乍何《タチマチナニ》モ為《ス》ルト制《コシラヘ》字ナリ」（『私制字書巻』二）

と「タチマチ」にして作り上げることを指すとして、次のような場合に使用することになる。

「故ニ山岳遠ク、広キ地、用水ノ便《たよりあ》ル処ニ、町《まち》・邑《むら》作ルベシ。諸侯ハ、軍戦ノ恐レ無ケレバ、城作リ無用ニシテ、町屋ニ作ルベシ。山近キ所、川水有リテ、田畑ト成ルベキ所ニ、村里を作ルベシ」(「真道哲論巻」)。

ともあれこの段階までは、いずれにしても「耕」の捉え方に大差はないのだが、問題となるのは昌益が次のような用い方をするということである。

「歯ニ食物ヲ咬ミテ試ミテ鍋ニ食物ヲ煮ルハ、退金・退秋ノ節、実リ至ルヲ囲ムノ耕シナリ。瑜ニ眼木ノ発気ヲ受ケ、風雨ノ音ヲ聞キ、煮水ノ食物ヲ煮ル（ヲ）聞クハ、進水・進冬ノ節、実リ収ムル耕シナリ」(「大序巻」)。

――歯で食物を噛んで煮え具合を確かめながら鍋で煮るのは、退金に当たる晩秋の頃に実り始めた作物に囲いをして見守るのと同じである。耳殻が目の木気の働きを受けて風雨の音を聞くように、煮汁の食べ物を煮立てる音を聞くのは、進水に当たる初冬の頃に実った作物の擦れ合う音を耳にしながら収穫するのと同じである――。

食べ物を噛むのも、鍋で煮るのも、作物を収穫するのも「耕シ」であると昌益は主張している。この「耕シ」は文章の流れから「同じ」と訳したが、むしろ「営み」とでも理解すべきものであろう。また、高弟仙確はこうも述べている。

「師、一生ノ直耕ハ一代ノ真道ナリ。直耕ニ代ヒテ真営道を書ニ綴リ后世ニ貽《のこ》スハ永永・無限ノ真道・直耕ナリ」（大序巻）。

師昌益の直耕に則った生き様は素晴らしい一生であるが、一代限りで終わらせるのではなく、『自然真営道』を書物にし後世に伝え残すこと、これこそ永遠・無限の素晴らしい直耕だと言うのである。ここまで来れば、この直耕の「耕」は大変幅広い意味を伴うことは明らかである。

このように見てくると、当時の「直」の意味するところは現在よりも広く、「直接に」という意味も勿論含むが、「素直な」「正しい」という見方の方が一般的で、特に昌益においては「過剰な欲心のないこと」「私心のないこと」に重きを置いていたこと、「耕」の方は「土地を耕す」という意味が第一であったろうが、昌益の場合には「営み」という捉え方にまで拡大していたことが理解されよう。

恐らく周囲の人々は、「直耕」の文字に出くわした時には一瞬奇異な感じを受けたことであろう。何しろ見慣れない文字である。だが、昌益の言うところを少しずつ理解していくにつれ、やがて案外すんなりと受け入れることができたのではなかったか。最終的には、「直耕」と呈示されれば、「堂々と胸を張る生き方」というようなところにまで行き着いていたかもしれない。

こうした状況は、言葉の使い方やその発音に敏感で、尚且つ字解までも踏まえて造語を行った昌益の独創性による反面、やはり石川淳氏の指摘するように、当時の一つの大きな流れでもあったように思われる。つまり、幅広く捉えることが許され、それが十分互いに通じ合えたということである。たとえば、我々は「車」と言った場合どこまで想像力が働くであろうか。江戸人であれば、恐らくすぐさま「動く」という状態を思い浮かべ、ついで一挙にカエルまでをも想起することができたに違いない。こんな川柳がある。

「太神楽ぐるりはみんな油虫」(『柳多留』)。

太神楽は大道芸人のこと。呼ばれて屋敷内で演技をする。その際、近所の者たちが料金を払わず見物しようとぞろぞろと周りを囲んでしまう。とっさに作者の頭には油虫が浮かんで来たのである。こう捉えることができるというのは大変重要である。特に封建体制の真っ只中にあって近代を先取りするような主張をする場合には、既成の表現では思うところをうまく伝えられない。そこで新造語が生まれる。そしてこれが理解されるためには、ある程度それを受け入れる状況と、物事を幅広く捉える柔軟な感覚が必要なのだ。勿論、昌益の表現は独特である。納得するためには、やはり少々馴染むことが欠かせない。この間の事情を狩野亨吉氏はこう述べている。

「すでに出版になったものとすれば誰か読んだ人もあったろうに、その後徳川時代を過ぎ明治に入るまでも、安藤の名が人の口に上らないところをもって見ると、彼の著述は当時なんらの反響を起さずして、いつしか忘れられてしまったものと思われる。もしそのような運命に陥ったものとすれば、あの時世大方《おおかた》読む人が文章のまずいのと分かりにくいとに呆れて、思想の卓越したるところを理解するまでに注意して見なかったためと取らざるを得ない」(『安藤昌益』)。

安藤昌益がまだ厚いベールにすっぽりと包まれていた時の思いである。分かりにくければ、一見しただけでポイと突き返されてしまうであろう。しかし少しでも理解が進めば、実際に昌益が生活し、人々と触れ合いを持った八戸、大館では、確かに彼の思想はしっかりと根を張っていったのである。

また、昌益が新造語を生み出した背景には、発音に対して敏感な時代状況があったことも指摘しておかなくてはならない。音韻学に精通し、浄土宗の僧侶であった文雄(一七〇〇—一七六三年)はその著『磨光韻鏡』の中で次のように述べている。

「此ノ如ク音ヲ照シテ訛ヲ去リ正ニ帰ス、韻鏡ノ素ナリ。是之ヲ本ヲ知ルト謂フ。字音正シクシテ、シカシテ后ニ反切論スルヲ得ルベシ。一音正シカラザレバ則チ反切皆誤ル。慎マザルベケンヤ」（延享元年版〈一七四四〉）。

漢字は音（読み）を正確に押さえることがもっとも大切だと言う。したがって、反切を行う前にこの音が正しくなければ、反切それ自体が誤りに陥ると指摘する。ここで言う反切とは、ABC反（AはBCでもって反《かえ》す）ということで、B（反切上字）の声母とC（反切下字）の韻母からA（反切帰字）の音を得るという方法である。たとえば昌益は、自（B）、然（C）、真（A）という組み合わせで次のように反切を行っている。

「父字ノ『シ』ト、母字ノ『ゼン』ノ『ン』ト感合シテ『真』ト反ル」（「確竜先生韻経書」）。

「真」の読みを「自」と「然」の二文字から得る訳である。昌益にとって音は生命の鼓動である。水の流れる音から人間の生理音、言語音まで全てが命の響きである。「自然」から万物の根源である「真（活真）」が抽出されるということは、昌益には大変重要な意味を持っている。人間を取り巻き、支えている「自然」

の営みの背後に、「活真」の働きが厳として存在することになるからだ。

そして、こうした音への関心は当時の出版状況とも関わりがある。既に一七三〇年代から書物の出版点数は増え始め、京都、大阪、江戸の三都におけるそれは、一七五〇年代（寛延三—宝暦九年）に、それ以前の一七三〇年代から一七四〇年代に比べると六割以上の増加率を示している（今田洋三『江戸の本屋さん』）。具体的な数字を挙げると、一七五〇年から一七五四年の五年間に五百九十五点を数えると言う（同前）。つまり、それだけの需要があったということで、都市のみならず農村にも読者層は広がっていた。

「仁斎の子東涯は大阪周辺農村をまわって方々で講義をしている。さまざまな世のできごとを書いた浮世草子が読まれ、家を大切にする教訓書が読まれ、余力のある時は俳句をつくり、謡もやる。子弟教育のための寺子屋用教科書も購入する。農業生産改良のために『農業全書』を読み、日下村庄屋にいたっては、寺島良安の百科事典『和漢三才図会』まで購入したのであった」（同前）。

出版点数が増えれば、そこに記述された文字、その発音への注視は起こるべくして起きた動きと言えよう。見慣れぬ文字であれば、どういう意味を表すのか、どういう風に発音するのか、当然問題となった筈である。

ここで昌益の新造語について、以前に触れたものもあるかもしれないが、少し挙げてみることにしよう。

「故に米《コメ》は此身《コノミ》なり。此の身は常に此の米を食うて則ち此の身に有り、米を食わざれば此の身無し、故に米は此の身なり」（奈良本辰也訳注「万国巻」）。

「聖の字に非知《ヒジリ》の仮名を附《つ》く聖人は己が罪を知る故、言行失り無きを云う是れ甚しき失りなり。転下に己れが非を知らざる者は聖人なり」（奈良本辰也訳注「紀聖失巻」）。

「金銀及び珍物、人の利用、為《す》るもの皆之れを宝財《タカラタカラ》と謂うなり。宝は他従《カラ》己れに得て己れを利する。之れを好み喜んで他而《タカラ》と他而《たから》と云う、是れ他無し、己れを利し道と他貨を盗むの言いなり」（同前）。

何ら説明を加える必要はあるまい。見て、読んでの通りである。この表現を目にした者は、最初は戸惑いつつもそれは一瞬のことで、すぐに「なるほど」と膝を打つのではないか。響くような感じで合点がいくのではなかろうか。これは単なる駄洒落ではない。ここには、同一の音には互いに通じ合うものがあるとする昌益の判断がある。それに、文字でありながらまるで絵図で示されたような感覚を抱くのは私一人だけではなかろう。むろん、こうした音は口中の働きのみで生じる訳ではない。身体を巡る八気が上顎、舌、歯、唇に働き掛けた結果であると昌益は言う。胎児の腹中での音、体力を消耗した者のか細い声、あるいは張りのある、気力の満ち満ちた声。彼は身体との関わりに常に視線を向けている。

「故ニ声音韻、進退・互性シテ種品ノ音感を為スハ、口中ノ牙《が》・舌《ぜつ》・歯《し》・唇《しん》ノ韻《ヒビキ》ニ非ズ。喉ノ八管ヨリ、四府・四蔵、八気・互性ノ気感、口中ニ発シ、牙・舌・歯・唇ニ応ジテ、言語・声音韻を為ス」（「真道哲論巻」）。

結局、この八気は大地を巡り、生物を巡り、宇宙までへも巡ってゆく。人の声は勿論、風の音、海の音、鳥のさえずり、獣の唸り声、音が伏在して聞こえない植物にまで働き掛けるのである。

ところで、こうした研究を続けていた間に、私は再び八戸、大館へと足を運んでいた。その際初めて昌益の墓に参拝したので、ここで少し触れておきたいと思う。

季節は夏であった。大館市の中央にあるターミナルからバスに乗り、市街地を抜け南に向ってしばらく揺られていると犀川沿いの停留所に着いた。車内はずっと閑散とした状態で、降り立った者も私一人だったので、バスが走り去った後に寂しくぽつんと残された感じがあった。停留所は橋の側にあり、見回してみると、橋の向こう側に民家が点在しているのが望める。あれが二井田の集落であろうと見当を付け、歩を進めた。

橋を渡り切ると、青々とした水田が左右に広がり、その間を車一台がやっと通れる程の未舗装の道が集落の内へと走っているのが目に入ってきた。私は吸い込まれるような気持ちを抱いて歩き出した。次第に民家が近付いてくる。家々の屋根が夏の陽射しを強く照り返していて、まだ午前も早い時間なのに、今日の暑さをすぐさま予感させた。そして同時に、目の前に現れた風景が、私が祖父母に引き取られた頃の田舎をふと思い出させる懐かしさを伴っていることに気付いた。

学校から徒歩で帰宅する途中にはしばらく民家が途切れる場所があって、地肌を剥き出しにした田舎道が真っ直ぐに走っていた。左右は水田で、道の赤土と緑の稲との対比がくっきりと浮かび上がるように続いていた。この道の突き当たりに民家が見え、その前を右に曲がると祖父母の家まではあと少しという場所である。学校まではかなりの距離であったから歩き疲れ、この辺りまで来るともうひと踏ん張りという気持ちが決まって起きてくるのだった。

そして、いざこの道に足を踏み入れると、すぐさまむっとするような稲の匂いが左右から私を包み込んだのである。そこには稲の呼吸がじかに肌で感じられる濃密さがあった。この匂いは鼻から否応なく肺の奥深くまで入り込み、私の中を一巡して出ていく。全身がすっぽり浸かってしまうのだ。度々、蛇が道を横切り、反対側の田へぬるっと忍び込んでゆくのを見ることがあったが、そんな時私は、蛇がこの稲の呼吸に我慢できずに押し出されて来たのだと反射的に感じたものだ。湿気と緑の精が入り混じり、上へ上へと伸び上がらんとする生命力。どんどんどんと心臓の鼓動のように押し寄せて、幼い私の命などさっと押し潰してしまうばかりの勢い。私はこの道に足を踏み入れる時、いつも知らず知らずの内に身構えていた。

それはどこかできっと、自分の負けないようにという心積もりが働いていたのであろう。二井田の集落への道はそんな田舎道と二重写しになって見えていた。

小石混じりの道を進んでゆくと、やはり、あの時の匂いに取り囲まれ始めた。私はゆっくり、大きく息を吸ってみた。そして、少し路肩寄りに歩みを変えた。稲の匂いをもっと嗅いでみようとしたのである。自然にそういう風に足が向いたのだが、次の瞬間、私ははっとして足先に力を入れ、踏ん張りながら立ち止った。田と道との境界に溝はなく、そのまま畦と接していたからである。祖父の言葉がはっきりと思い浮かんでいた。

「赤土を田んぼの中に落としたらだしかんぞ」

道の小石や土が田の中に入ると、稲を傷めることに繋がる。田の粘りのある黒い土と赤味を帯びた道の土とでは性質が全く異なっている。それに、田の中央部分と比較して端は水の巡りが悪いということもあり、痩せていて、稲を育てる力が劣るのである。そこにわざわざ質の悪い赤土を入り込ますことはなかろう。祖父は田に入ってよく、赤土といっしょに紛れ込んだ小石を捜しては手で拾い上げ外に出していたものだ。

私は道の中程に戻り歩き出したが、しばらくすると右手の方に、埃を被った背の低い稲架小屋が現れた。それを見てまた、昔、横木を取り出すのに手間のかかったことが急に懐かしく思い出されてきた。訳はこうである。まず、祖父が積み上げられた横木の根元の太い方を揺すってみせる。次に、私は枝先の方に立って、それがどれか確認する。だが、祖父の揺する力は得てして枝先の方までは伝わって来ない。途中で他の横木の下になり、動きが押さえられているからだ。重なり具合を見ながらどれなのか見当を付け、それから力を入れてそれを引っ張り出す。

横木は太さも長さも一本、一本異なっている。どれほどの稲を架けなければならないかを予測し、田に合わせて作り上げる必要がある。祖父はそれを計算して既にどれにするかを決めているのだ。引っ張り出した横木は重くて太い方を祖父が、軽くて細い方を私が、それぞれの肩に担ぎ運んでゆく。小学生の頃はまだ肩の皮膚が薄いので、痛さを和らげようとして手で支えながら隙間を作り、軟らかい田の上をふらつきつつ運んだものだ。

今でも、黒い土と稲の匂いが染み込んだ横木がどっしりと重かったのを覚えている。そして、三本の木を組み合わせた支えを田に打ち込み、横木を渡し、そこに刈り取った稲束を架けてゆく。稲架は一つずつ形を整え、次第に黄金色の屏風が点々と田の中に出現していく。それは、突き抜けるような真っ青の秋空と驚く程マッチした。

私は周囲の青々と伸びている稲を見ながら、ここで繰り広げられるであろう秋の取り入れを、その結果生まれてくるであろう広々とした田面のことを思い遣った。

やがて、集落に少し立ち入った辺りで、偶然横合いから赤ん坊を抱いた女の人が姿を見せた。赤ん坊はちょうど眠る頃合いのようで多少迷ったが、思い切って声を掛けた。

「温泉寺はどこでしょうか」

「ああ」

分かったという風にそれだけ言うと、すぐに右手で指す素振りをした。成程、その先の方には木々のこんもりした所が見える。私は頷いて応えた。女の人は再びあやす動作に移り、赤ん坊はうつらうつらとしている。私は礼を言って歩き出した。歩き出しながらすぐに、いかにも余所者という感じを受けたことだろうと背後の視線を思った。勿論言葉の使い方でも分かるだろうが、それ以前に、何かどことなく異なる気配を感じ取った筈であろうから。それは住み着いている者の勘という奴である。私の体験からしても間違いはない。もっと言えば、余所者が集落の中に入って来ると、言葉を交わさなくても一目で分かるのである。単に見慣れぬ顔というだけではない。その人全体がどうしても周囲と溶け合わないのだ。

私はしばらく歩いてから、気になって後方にそっと視線を遣った。近所の人であろう。先程の女の人に近付いて何やら話し掛けている。私はつい苦笑した。だが、これは住人が採るべきルールと言っていい。また、集落の安全を維持するための一助でもあろう。昌益が二井田の地に足を踏み入れた時、いくら故郷とは言え、久方振りの姿に周りの者たちはどう反応したのであろうか。しっくりと溶け合うまでには時間が掛かったのではあるまいか。

温泉寺の入口には曹洞宗温泉寺と刻まれた門柱が建ち、その奥には木々の立ち並ぶ境内が続いていた。夏の朝方の十時頃であったが、木々のせいであろうか、一歩足を踏み入れるとそこはひんやりとしていた。

蝉がけたたましく鳴いている。正面に本堂、右手に庫裏が見える。この温泉寺は例の掠職の調査記録である『掠職手記』の冒頭部分に登場する寺である。

「右孫左衛門、申年《さる》、昌益三回忌十月十三日晩より十四日朝迄、当寺温泉寺菩提所故、請役《うけやく》ニ而《て》法事執行《とりおこない》申候。尤《もっとも》、相伴人《しょうばんにん》右昌益門弟仕候由。則、十四日晩門弟中取集り、魚物料理ニ而祝儀致候由。仍而《よって》菩提所温泉寺、同十六日ニ右孫左衛門御呼ヒ御問被成候ハ、自分親昌益三回忌法事相勤候当日、肴料理ニ而夕飯振廻《ふるまい》致候段承候。如何心得候而法事法会を執行、無延慮《えんりょなく》も肴喰候と申候得ハ……」。

この孫左衛門というのは、昌益が二井田に帰村してから、養子として家督を継がせた住み込みの使用人のことである。彼は後継ぎとして三回忌の法事を営んだのであるが、しかしこの法事の中心となったのは有力農民の門弟たちであった。菩提寺ということで参集したものの、彼らは温泉寺に対してはどうも以前から背を向けていたものらしい。

また、菅江真澄《すがえますみ》（一七五四―一八二九年）は昌益没後四十年程経った一八〇三年にこの地を訪れ、温泉寺の遠景のスケッチを残している。それを見ると、温泉寺に通ずる小道の両側には一面に水田が広がり、温泉寺自体も木々に覆われた姿で、民家はやや離れた所に描かれている（安永寿延編著、山田福男写真『人間安藤昌益』）。なお、明治十二年の社寺明細帳には耕地約六町歩、宅地四百四十坪、境内九百五十坪の記載があるという。
さらに歩を進めていくと、既に昌益のことが広まり訪ねて来る人も多いせいか、案内表示が掛けられているのに気付く。その御陰で昌益の墓のありかはすぐに分かった。それはちょうど本堂の横手辺りにあり、他にも多くの墓石が並んでいる。私はやっと昌益に対面できると思い、そこで一旦立ち止まり気持ちを整えた。今はしっかりと墓の前に立てそうな気がする。随分時間が掛かったようにも思う。昌益の研究を始めてから十年以上になる。だが、ここまで来ると、逆に短いようにも思える。私は一度水田側に出、それから意を決するようにして昌益の墓の前に立った。
それは大変小さく、「これが?」と思われるような墓石で、土の上にそのまま据えられていた。大館市編纂委員会編の二井田資料によれば、この墓石には「宝暦十二年十月十四日」の日付と、「空、昌安久益信士、位」の文字が彫られているとある。また、この中で石垣忠吉氏は、初めて昌益の墓石を見た時の印象を次のように洩らしている。

「墓碑は、台座が地面にめりこむようになっていた。山田氏の計測『高さ五十五センチ、幅二十二センチ五ミリ、厚さ十四センチ』と聞くまでもなく、うら寂しいほど小さいものであった」。

私は腰を屈めて手を合わせた。

「ようやく、ここに来ることができた」

何かほっとしたような、そんな気分が心の中にすっと広がった。そして墓石を前にして、こういう事もあった、ああいう事もあったという具合に、いろんな事が次々に浮かんでは頭を掠めてゆく。

「やはり、本屋での出会いは一つの不思議な縁であったような気がする。数ある本の中から何故あの一冊『安藤昌益と自然真営道』を手に取ったのであろうか。黒い帯カバーに目が留まったのは確かである。他の本に比べて地味な印象を与えていたのも間違いない。だが、私は中身を見る前に、既にこの地味な本と私が何かで繋がっていると心のどこかで意識していたのではなかったか。

本を開いてそこに着物姿の渡辺夫妻を発見した時、私はごく自然な感じでそれを受け入れたような気がする。いや、むしろそのような写真があるだろうと予感していたと言うべきか。そしてそれは、またごく自然な流れで私の祖父、祖母へと繋がっていく。彼らに引き取られてからの、田や畑や山に囲まれた簡素な生活。日々の食事も含めて、それこそが私を作り上げた土台だった。地味であることが、私にとって一番無理のない状態であった。そしてこのことこそ、あの黒い帯カバーの本に思わず手が伸びた直接の切っ掛けだったかもしれない。

それに、『安藤昌益は学問嫌ひの男であった……』という一節が私の心に深く刻み込まれたのも、恐らく『……自然を疎かにし……』という箇所に注意が向いたためであろう。なぜなら、あの地味で簡素な生活は根底で、自然としっかり交わって離れないからである。

また、ホテルや料理屋での仕事も無駄ではなかったと思う。ホテルではウエイターから始めたが、最初の内はとにかく仕事を覚えることで精一杯であった。おびただしい種類の皿、カップ、フォーク、ナイフ、スプーン、グラス。これらのテーブルへのセットの仕方。ナプキンの置き方やテーブルクロスの掛け方。料理の出し方やその順番。注文を聞き、それに応じた食器を選び、すぐさま出せるようになるのに一年は掛かった筈だ。

だが、こうした西洋料理のサービスの仕組みに触れるにつれて、次第にそこには美的、合理的な配慮が計算されていると分かってくる。たとえば、水の入ったグラスは他の邪魔にならぬよう、そしてすぐに手にできるよう右上に置く。一つの料理ごとにフォーク、ナイフが片付けられ、味が混ざり合わないように新しい料理には新しいものが当てがわれる。デザートは最後の方になるから、それ用のフォーク、ナイフは正面の一番上に置く、といった具合である。セットの美しさと料理を味わうための合理性。このことは、日本料理屋にも通じるものがあった。こちらは箸一本であるが、色彩の豊かな器によって料理を引き立て、目を楽しませる工夫をし、一品ごとに異なる器に盛られて出されるのである。

地味な生活に慣れていた私にはいずれも別世界の有様であったが、これが文化というものの一側面なのだろうとの理解はできた。だからこそ逆に、昌益の気持ちがよく伝わって来るのだ。昌益は「米」に注目し、健康な生命を維持するための食事の重要性を説いた。そこでは当然贅沢なものは除外される。もっとも栄養に富む御飯を中心にした一汁一菜の食事。だが料理に対する様々な工夫を目にした私は、昌益がこう説いたのは、餓死という厳しい現実を目撃した上での主張なのだと理解できた。歌舞伎や能、俳諧や将棋や碁、さらに、三味線、琴、尺八などの楽器までをも含めて、ことごとく批判の俎上にのせる激しい思いは、食べられないで死んでゆく者たちへの哀感であり、やむにやまれぬ叫びであったと。

また、『やっぱ、昌益さんはえらかったなすー』というNさんの感極まった言葉は私の研究態度を揺さぶり、いつのまにか心の奥深く刻まれていた。『自分を誤魔化してどうするのだ。そんな研究をしたところで、内容のない文章の羅列に終わってしまうだけではないのか。いや、それだけでは済まないだろう。お前の心は歪み、その上醜くなってしまうのだ。私欲を捨てた熱い思いをどうやって理解しようと言うのだ』という昌益の声が、振り払うことのできない重みを持って繰り返し迫って来た。私は悩み、終に堪えられなくなり大学院を去った。先の見通しなど何もない、私なりの、やむにやまれぬジャンプだった。

こういう生き方を遠回りというのであろうか。だが、自分の中の誤魔化しの部分を捨てようとすれば、やはり時間がいる。そしてどこかで、『昌益についての知識は何ら増えないが、その生き方に少しでも近づこう。恐らくこの選択でいい筈なのだ』、そういう直感が働いたのだ。昌益はこの世界を自り然《ひとす》る運動の中に捉えた。この営みに従えば、活活として命が躍動するのを見通していた。この捉え方は全てのものが共生し合う世界であり、私が育った環境の所為《せい》でもあるのか、ぐっと説得力をもって迫って来る。田植え、田の草取り、稲刈り、畑の畝作り、種蒔き、薪作り、汗、谷川の水。確かに全てのものが大きな流れの中で動いているのだ。人が働き掛けるとそれに応える自り然る世界。手を抜けば抜いただけ、やればやっただけ、誤魔化しのないまま応えて来る。この繋がりの中に各人は取り込まれている。全てが同じように呼吸をしているのだ。この自り然る流れの中にしっかり身を委ねよう。そして少しずつでもいい、一歩一歩歩んでゆこう。これが、私にとって一番無理のない生き方であろうから」

蝉の鳴く声が聞こえてくる。安らぐ一時であった。農作業の途中、木陰で一服した時の気持ちに似ていた。水田の方向からの涼しい風が時折背を撫でていった。

半時間もこうして居たろうか。私はこの日廃鉱になった尾去沢鉱山に行くつもりでいた。昌益が鉱山の近辺で開業し、そこで働く者たちの治療を行ったとされていたからである。具体的に昌益がどの場所に居たかは特定できないが、鉱山特有の雰囲気や周囲の状況は把握できるであろう。

私は立ち上がり、もう一度墓石をしっかり目に焼き付けてから温泉寺を後にした。そして元来た道に戻り、再び橋を渡り、一本道を扇田駅に向って歩き出した。左右は青々とした水田で、稲が風にそよいで波を作っている。既に気温は上がり始め、早足で歩くせいもあるのだろうが、次第に首筋の辺りが汗ばんでくるのが分かる。手許の地図によれば、この道を辿ってゆけば扇田駅に着く筈であり、そんなには掛かるまいと私なりに勝手に見当を付けていた。

時折、車がかなりのスピードで脇を通り過ぎてゆく。確かに左右に開けたアスファルトの一本道であるから、草原を突っ切ってゆく感覚に似たものがあるのかもしれない。それにしても、民家らしい影と言えば、はるか向こうの方に点々と見えるだけである。恐らくあの方向に駅があるのだろうとは判断できるのだが、かなり距離があるようで、ひょっとすると私の予想が外れていることもありうる。

少し焦り気味になり、足に力を入れしばらく歩いた時であった。小型トラックがやって来て、四、五メートル先で急に停車したのである。近付きながら車内の方を見ると、六十歳ぐらいの男の人がハンドルを握っている。しかし、無言で前方を向いたままである。グッドタイミングと言うのだろうか。この時私は、どうしたわけか、覗き込むようにして、

「あの、乗せていただけるんでしょうか」

と訊いてしまったのである。すると何と、その男の人はすぐに頷き返してくれたではないか。私は慌てて助手席に乗り込み、そして厚かましくも続けて言った。

「扇田駅まで行きたいんですが」

相手は大きく頷いたが、しかし相変わらず返事はなく、すぐに車が発進したので再び慌てて前にある取っ手を握った。よく見ると、取っ手だけではなく、いろんな所に泥が付着している。田や畑の土に違いない。一瞬そう思ったが、話し掛けるのはやめて過ぎ去ってゆく景色をただ眺めていた。

そうして五分程走ったろうか。道を挟んで右側に扇田駅が見える所まで来て車は止まった。かなりのスピードであったから歩けば大変な距離であったろう。助かったと思い外に出て礼を言うと、その男の人は前方を見たまま少し恥ずかしそうな素振りをしただけで走り去ってしまった。

列車は既に構内に入っていた。私は息せき切って、切符は車内で買うことにして飛び乗ったが、乗った

途端に列車は動き出した。その間一分もなかった気がする。この列車を逃すと、ローカル線のことであるから次の列車までは相当待たねばならない。私はつくづく助かったと思った。

それにしても何と親切な人であろう。私が車を止めたのではなく、その人の方から止まってくれたのである。次々と車が突っ切って行く中を、ただ一人歩いている私の姿に同情心が湧いたのかもしれない。あるいは、私の参拝の姿が目に入ったのかもしれない。ひょっとすると、安藤家に関わりのある人だったのだろうか。何にしても、こうして手を差し伸べてくれる人が居たことに胸が一杯になった。そして、風雪で表面の粗くなった昌益の墓のことがまた思い浮かんできた。周囲の他の墓よりもはるかに目立たず質素な様である。温泉寺の過去帳には「昌益老」と老の字が付いているという。何も言わず走り去った人の、日に焼けた横顔が列車の窓に浮かんでくるのであった。

十一章 「直耕論」の完成

「直耕」の字義の確認を終え、次にこの「直耕」の主体の研究に移ろうとしていたが、実は、この段階で既に博士後期課程の三年間が過ぎてしまっていた。私の能力のせいであるのだが、その結果奨学金は打ち切られ、再び仕事をしながらの生活となり、為に研究時間が制約されることとなった。

ところで、何故主体を問題にするかと言えば、昌益の思想をユートピア思想と捉える研究者が多く、そこでは主体の欠如ということが決まって指摘されたためである。「誰が直耕を行うのか」、「誰が江戸封建体制を変革する主体となるのか」、という問いである。そしてこの後には、「まだ変革の機は熟していない」との答えが準備されていた。だが、私はこうした捉え方は一面的であると考えていた。なぜなら、「私欲のない営み」には明らかに日々生活を送っている人々が前提とされており、また、多数の餓死者を直視した厳しい視線が向けられていて、そこには一歩も退くことのできない切迫性が伴っている筈だと確信していたからである。言うなれば、昌益は昌益なりに確固とした主体を想定したのである。むろん、後世から見てユートピア的と判断される面は確かにあろう。だが、それが未熟だという評価を下す採点者の立場でなされてはならない。それでは、昌益思想の重要な側面を見す見す取りこぼしてしまうことになるからである。

そこでまず、昌益が「直耕」の主体として置いたのは「衆人」であった。昌益は「民」という文字に差別があることを見抜いており、代わってこの「衆人」を使用する。つまり、「民」とは「氏」を奪った形であり、実際に「士」との具体的区分であった。彼はこれについて次のように説明している。

「民ハ氏ヲπ《ハ》ガルルト作リテ、『タミ・ヲロカ』和訓。是レ聖、私ニ推シテ上ニ立チ、己レガ九族ヲ以テ氏ヲ立テ、上、公、候ト為シ、氏ヲ立テザルヲ以テ下民ト為ス。之レニ依リテ氏ヲπ《ハ》イデ民ノ字ト為ス」（『私制字書巻』二）。

もともと「民」というのは象形文字であり、片目を針で刺した形を表し、神の徒隷臣僕を指しているとされる（『字統』）。つまり、当初から仕えるという意味合いを持っているのだが、昌益は当時の状況から、「民」には「氏」がないことに注目した。たとえば「徳川」「佐竹」「南部」などと言うように、武士は「氏」の血筋を重視し、一族の者たちをそれぞれに相応しい地位に就かせた。これに対して特に農民の場合には、大多数が清左衛門、庄兵衛、茂助、清吉といった名のみで示される存在であった。明らかに「民」は「ヲロカ」で見下されるものとされていたのである。昌益はこれを厳しく批判する。

「本《ト》、天下ハ一人ニシテ万万人ニシテ一人ナルヲ、上下ヲ為シテ、氏・民ヲ作ルコト妄リニ私ノ至リナリ」(「私制字書巻」二)。

こうした「民」に対する蔑視は、次の徂徠の主張を見ると一層よく理解されるであろう。

「古聖人ノ道ニ、民ニ孝悌ヲ教ユルコトヲ第一ト言ルモ、儒者ナドニ講釈ヲサセテ民ニ聞セ、民ノ自カラ発得シテ孝悌ニ成ル様ニスルコトト心得ルハ、大ヒナル誤也。右ニ云ル如ク、其町村ノ睦ジク、民ノ風俗ノ善ナル様ニ、奉行ノ仕込コトヲ、孝悌ヲ教ユルトハ云也」(『政談』)。

徂徠は、「民」が学ぶことによって、自ら孝悌《こうてい》(親孝行や兄弟が仲良くすること)の教えを身に付けるなどというのは誤りだとする。それよりもうまく治まり、「民」の風俗が善くなるよう奉行が仕込むことの方が大切で、これこそ古聖人が第一に唱えた孝悌を教えることに当たると言うのである。ここからは、「民」に教えたところでどうなるものでもないとする姿勢が明瞭に見て取れよう。

昌益はこれを頑として否定する。代わって「衆人」こそが耕作に従事する人々に相応しい呼称であるとした。なぜなら、「衆」は皮膚が傷つき血が流れる形を表し、農作業には必ず伴うことであったからだ。昌益の字解を挙げればこうなる。

「血ニ豕ハ壊レ衣ニシテ、血多ク出ル象リナリ、故ニ『モロモロ』」（「私制字書巻」三）。

葉に触れて切り傷ができたり、小石を踏んで爪を剥がしたりする。ここには日々の耕作に対する観察力が働いており、昌益の衆人に対する眼差しを窺うことができる。

衆人（農民）は初春に土を耕し、晩春に種を蒔き、初夏に代掻きをし、晩夏に田植えをする。そして水加減に注意を払い、田の浮き草取りを何度も行い、初秋に稲の生育の妨げとなる雑草を抜き取り、晩秋には黄金色に色付くのを見守り、初冬になって実った穀物を収穫し、次いで、晩冬にこれらを小屋に仕舞い込む。勿論稲作だけではない。粟も麦も、大豆、小豆、角豆も、大根、菜っ葉などの野菜類も季節に応じて栽培する。また、麻や綿花を栽培して収穫し、織って衣類とする。さらに、海岸沿いの田畑の少ない所では、魚や海藻、塩を取り、これらと不足分の作物とを交換する。山間の地では、木材や炭や薪を生産して同様に交換する。このようにして自給自足に近いシステムを作り上げ、このシステムに全ての者が汗して参加すれば、年貢などは必要でなくなり、武士もその存在根拠を失うであろう。

これをユートピアと言うなかれ。現に、昌益の周囲には圧倒的多数の衆人がいた。延享元年（一七四四年）の八戸藩の人口構成は、総人口七万人の内、衆人は六万五千人を数える。ちなみに「士」に属する者は、家中諸子家族、足軽家族を含めて二千人ちょっとに過ぎない（『岩手県史』第五巻近世篇二）。この数字を踏まえれば、「衆人直耕」の世の到来を不可能と言い切ってしまうことはできない。実際少し前までは、武士たちは自分の領地に住み着いて自給的な農耕生活を送っていたし、また、八戸藩では凶作が打ち続き、終に天明期に入ると拝地への居住願いが出され、上流、中流の武士たちが次々と城下を離れるような状況が生まれた。そして、家族と共に農業に従事するようになっていったのである（西村嘉『八戸の歴史』）。言い換えれば、農耕生活は、武士にとってそれ程掛け離れたものではなかったということである。

人々の意識の変革が行われ、もし「衆人直耕」の世が到来すれば、過剰な欲心は自ずと抑えられ、人間から発せられる邪気は追い払われ、この邪気によって引き起こされる疫病や凶作や飢餓も防止できる。昌益はそう確信していた。むろんこの確信を支えているのは彼の医学思想である。以前にも述べたので繰り返しの部分が生じるかもしれないが、ここでもう少し触れておくことにしたい。

当時の医学思想には大きく分けて三つの流れがあった。一つは後世派（道三流）で、中国の金、元時代に起こった李・朱医学を重視するもので、陰陽五行説と密着しており思弁的な色彩を強く持っていた。二つ目は古方派で、後世派を批判する形で登場し、徂徠学派の影響もあってもっぱら医を「術」として捉え、薬物療法を説く後漢の張仲景の『傷寒論』を重視し、臨床的な面に力を入れた。伝統医学の「未病を治す」から「既病を治す」という考え方へと力点を移している。三つ目は後世派別派で、硬直化した李・朱医学に反発し漢方本来の姿に立ち戻ろうとするもので、特に運気論や臓腑経絡配当説に着目した。

以上をもう少し噛み砕いて説明すれば、後世派では、自然界と人間界とを同一の法則（陰陽五行）で捉え、前者の運行のリズムと後者の生活のそれとが調和していれば病気に掛からないとする。これに対して古方派では、この二つを切り離し、人間が病気になったとすれば問題なのは人間であって、その病因を取り除くことにもっぱら力を注ぎ、このための「術」としての医学を追究しようとする。一方後世派別派では、後世派の思弁性からも、古方派の「術」中心の立場からも脱し、「気」の運行、個々の内臓の機能、それに対応する体表の位置との相関関係を踏まえ、たとえば鍼などを用いて邪気を追い出すといった治療方を説く、ということになる。

昌益の場合は、陰陽五行論に立つ後世派も、「術」としての医を重視し、有機的な関連性の中にある自然界を切り捨てる古方派も共に批判する訳で、そうなると後世派別派に近いことになるが、ここで見落としてならないのは昌益の出発点があくまで人間だということである。その上で周囲との関連性を踏まえる順序になっており、後世派別派よりも一段と人間が前面に押し出される。であるから、人間の吐き出す邪気によってまず汚染され、それが引き金になって疫病や天候不順、凶作が引き起こされることが強調される訳である。またこの立場は、もし私欲にまみれた人間によって医療がなされれば、医学そのものが凶器になりうるという警告にも繋がってゆくであろう。

「道三は薬を凶器とみなしたが、医学全体をそのようには見なかった。攻撃療法を採用する古医方ともなると、薬を凶器と見る見方すら稀薄になる。だが、昌益は医学の凶器性を執拗なまでに強調する。おそらく後世医方と古医方の両者を通じて、彼ほどそのことを叫びつづけたものは他にあるまい」（安永寿延『安藤昌益』）。

以上の点を踏まえて逆に捉えれば、昌益は人間の自然治癒力に絶対的な信頼を置いていたことになる。過剰な欲心によって歪められない限り、人間は心身共に自ずと健康体を維持できるということだ。鍼灸や薬を用いるのはあくまで補助的な手段であり、古方派のように薬に強く頼る治療方法は決して採らなかった。古方派のやり方を押し進めてゆけば、人間性の軽視に陥り、療治を施すというよりはむしろ単なる売薬の生業となってしまおう。そう昌益は見抜いていた。それに、実際の自らの医療活動を通して、色欲や酒に溺れた者たちが腎虚、脹満、中風、食傷などで病むことが多かったのに対し、汗して働く者たちには病人が少なかったことも熟知していた。そして、仮に病に掛かったとしても、「常ニ身堅固ナル故ニ少シク寝《い》ヌレバ、発汗シテ乃チ愈《い》ユ」（「私制字書巻」一）と、たちまちにして回復することを確信していたのである。

こうして「衆人直耕」を続ければ、健康と相侯ってさらに次の段階へと進む。つまり、喜びの労働へと向かうと昌益は言う。その時の有様を彼はこう捉えている。

「男は耕し女は織り、安食安衣して夫婦和合し、親子親しみ睦《むつ》まじく、子孫実順に兄弟姉懇信《ネンコロ》に、従兄《イトコ》愛親し、五倫唯一和して上下・貴賤・私法無く、貧富・私業無く、争論無く、不耕貪食の押領者無く、其の土地其の土地に直耕直織、穀を耕して穀を食い、食して耕し、耕して食う」(奈良本辰也訳注「人倫巻」)。

——男は田畑を耕し女は衣服を織り、心安らかに食べて着て夫婦が愛し合い、親子は仲睦まじく、子や孫は素直で、兄弟姉妹も仲が良く、従兄弟同士も親密で、このように血族の者たちが皆ただ一つに溶け合い、上下貴賤の差別といったこしらえ事もなく、貧富の差別も生じず、争いごとも、耕さずに貪り食う不埒な輩もなく、その土地、その土地で生き生きと耕しては織り、穀物を耕し育てては食べ、食べては耕し、耕しては食べる——。

あまりにも美化された光景と映るであろうか。だが、ここで肝心なのは、皆が汗して耕すことにより生活物資を得、奪い取ったり取られたりということのない生活を送れば、喜びが必然的に伴うものだという点である。言い換えれば、濃厚な充実感が満ち満ちて来ると昌益は言いたいのである。この描写は理想を単に描いただけのものではない。昌益は現実を直視し、その上で熟考する人物であって、「遠ク工夫シテ求ムル者ニ非ズ」(「大序巻」)との姿勢を崩すことはないからだ。

「衆」にしても、血を流すという面に視線を注ぐのは、常日頃の農民に対する観察と、強い思い入れがなければ絶対に生まれてこない解釈である。恐らく昌益は過剰な私欲の横行する世でありながら、一方では、和気あいあいと日々の生活を営む農民たちの姿を目撃していたであろう。そこでは何はともあれ、互いに助け合うのがごく自然なこととして受け入れられていた筈である。

今、私には幼い頃のことが思い浮かんでいる。それは、田植え時の光景だ。周囲の子供たちは手助けのため、皆一斉に学校を休んでいる。彼らは小学生とはいえ、もはや一人前の仕事振りで、手や足だけでなく顔にも土を付け、前屈みになりながら苗を植えている。まだ機械化が進んでいなかったため全ての人力が動員された。自分の家の田だけではなく、他の家の田も残らず助け合うのは当然で、私の横には近所の仲間たちが屈み込んで黙々と苗を植えている。今日は私の家の番になっている訳だ。そうして昼前までの仕事を終えると、今度は皆が一緒になっての、畦道での昼食が始まる。わいわいと語り合いながら、おにぎりを口に運ぶ。食べながら植え終わった田の様子や、遠くの山々が視野に入ってくる。この時である、何とも言えぬ安らぎが湧き起こってくるのは。そして、人々の表情は素晴らしく輝き出すのだ。昌益もこうした人々の姿を目撃し、強く心を動かされたのではなかったろうか。

だが、昌益の視線はこのままで留まることはない。さらに一段と深く掘り下げられてゆく。現実に目を転じてみれば、こうした衆人たちは今まさに私欲の汚気に呑み込まれようとしている。何より問題なのは、衆人たちが既成の制度、慣習、宗教に対して少しも疑問を感じていないことである。長い年月をかけて受容されてきた生き方は、強靭な力を持ち続ける。米を俵に詰め、背負い、納めることは当然の務めであり、寺僧に布施を施すのも同様に、来世のためには必要なことと受け止めている。なるほど、百姓一揆は続発し、衆人たちも怒りをもって立ち上がっている。しかし彼らの要求は年貢の減免であり、不正役人の追放であって、自然世（無差別で法の支配がない世）への展望は何一つとしてないのだ。この連綿として続く法世（私利私欲のための法の支配する世）を思い遣ると、衆人のみで現実を変革するのは容易ではない。やはり、衆人と共に直耕する主体が必要となって来る。

そこで、昌益が新たに登場させた主体は「正人」であった。ここには、衆人の力だけでは法世から自然世への移行は困難であり、やむなく指導者を確保せざるを得ないとする認識がある。そういう意味では、著作を執筆し、仁政の偽善、これを補強する慈悲の教え、巧みに張り巡らされた法世のシステム、これらを執拗に批判し自然世への移行を呼び掛ける昌益は、まさに「正人」であり、この昌益の活動は「正人直耕」であり、また、私欲のない営みそのものであった。

ところで、現代の「正」についての字解を見ると、「一」と「止」から成り、「一」は「口」、つまり城郭で囲まれた邑、「止」はこの邑に向かって進撃する意を示す。その結果、得られた征服地から貢納を徴するのを「征」、強制するのを「政」、こうした一連の行為を正当として「正」を用いるようになったとある（『字統』）。これに対して昌益は、貢納行為をすっかり払拭して次のように解釈する。

「正ハ一ニ止リテ雑ハラズト作ル」（「私制字書巻」二）。

昌益は「一」について、「進気と退気を共に内包しつつ、事物を造出することを指す」（「私制字書巻」一）としているので、「正」とは「活真」の法則に従い、他の何物にも妨げられず、よって正しいという意味合いであることが分かる。これは徂徠の捉え方と比較すると、それぞれの立場が一層鮮明になって興味を引く。徂徠は「正」について次のように述べる。

「先王の道に循《したが》ふ、これ正と謂ふ。先王の道に循はざる、これ邪と謂ふ。……孔子曰く、『その身正しければ、令せざれども行はれ、その身正しからざれば、令すといへども従はれず』と。みな礼を以てこれを言ふ」（『弁名』上）。

徂徠の場合は、先王の立てた道＝礼に適っているかどうかが「正」の判断基準となる。適えば「正」、適わねば「邪」である。あの孔子でさえも同様のことを言っているではないかと力を入れる。これに対して昌益の場合は、判断基準は衆人の生き方ただ一つであり、これに近付けばより正しくなる。この際、あくまで衆人↓正人という流れが肝要であって、正人の方が上位であるというようなことでは決してない。したがって、「正人」と「衆人」の関係を「前衛」と「大衆」のそれと捉えてはならない。指導するという行為こそ昌益がもっとも注意を払い、用心深く対応したことだからである。次の「真道哲論巻」中の門人との討論内容を見ると、このことがよく分かる。

慈風「転下国、何ヲ以テカ無限ニ平安ナラン」
昌益「転下・国家ヲ治ムルコト勿レ、転道・人道ヲ盗ムコト勿レ」。
仙確「何ヲ以テカ転下乱無ク、国家、盗賊ヲ絶タン」
昌益「私法ヲ為スコト勿レ、道ニ外ルルコト勿レ」。
中香「転下、何ヲ以テカ常ヲ為サン」
昌益「衆人挙ゲテ転下ヲ与フルトモ、受クルコト勿レ。受ケテ上ニ立テバ、即チ常ヲ失フテ盗乱ス」。

門人たちのこの世を改革しようとする意気込みに対して、昌益は、そのために指導する立場に立つことをきわめて危険なことと捉えている。それは、人間の飽くなき欲望の恐ろしさを熟知していたからに他ならない。リーダーに推されるや否や、過剰な欲望が湧き起こり、「正人直耕」の道を外れ、既成の支配者と同様の状態に陥るのではないかと危惧したのである。

このためであろう。「衆人」という言葉は昌益の著作全体を通して数多く使用されているのに対して、「正人」についてはその使用例が少ない。たとえば、「大序巻」、「人相視表知裏巻」二、三、「糺仏失巻」には合わせて数ヵ所の掲載しかなく、内容についても軽く触れられているだけである。
こうした中で「正人」に関して比較的頁を割いているのは「真道哲論巻」と「糺聖失巻」の両巻で、特に前者の門人たちとの討論や、これを踏まえた上での暫定的な改革案において鋭く言及されている。つまり、「正人」は門人たちの具体的活動への希求によって、より大きく取り上げられた面が強いと言える。
また、「正人」は発音から見ても、「聖人」を強く意識したものであることは間違いがない。同じ「せい」であっても、「聖」ではなく「正」なのだと。さらに、非知《ひじり》（聖）に対して、活真の営みを「正しく」理解している人物＝「正人」という捉え方も昌益の頭の中にはあった筈である。そして、歴史上の具体的な「正人」として曾子が取り上げられる。理由は明快である。直耕の実践者だからである。『孔子家語』には、曾子がぼろ着をまとい耕して生活していたところ、魯の君主がこれを聞いて邑を提供するとの申し出を行った。しかし、曾子はこれを辞退し、その理由について次のように述べたとある。

「吾れ聞く『人の施を受くる者は常に人を畏れ、人に與ふる者は常に人に驕る』と。縦《たと》ひ君賜ふありて我れに驕らずとも、吾れ豈に能く畏るる勿からんや」（藤原正校訳『孔子家語』）。

昌益は、施しを受けることも与えることも拒否した曾子の生き方に大いに感動したのであろう。絶賛の言葉をこう書き付けている。

「天下ニ曾子一人天代ノ真人ニシテ、一点ノ失リ無シ」(「私法儒書巻」三)。

この時昌益の心の中には、「聖人と崇められる孔子よ。お前さんより、弟子の曾子の方がはるかに優れているではないか」という思いがあったろうし、儒学を始めとする巨大な既成教学の支配するこの世にあって、「我と共に戦い合える友、曾子よ」という思いも潜んでいたであろう。いずれにしろ、こういう正人が将来この世に登場してくれれば、自然の世は必ず到来すると昌益は言う。

「後後年ヲ歴《フ》ル間ニ、正人、上ニ出ヅルコト之レ有リ、下ニ出ヅルコト之レ有ル則ハ、無盗・無乱・無迷・無欲、活真ノ世ニ帰スベシ」(「真道哲論巻」)。

ここで注目すべきは、正人は人の上に登場する可能性も、人の下に登場する可能性もあるとする主張である。特に、下に着目した点は重要である。なぜなら、それまでの既成教学では、もっぱら人の上に立つ為政者の善政への期待が説かれてきたからである。人の上にも下にもという主張に昌益思想の特徴がよく示されている。

だが一方では、「後後年ヲ歴《フ》ル間ニ」とあるように、現時点では、こうした状況が起こりにくいものであることも昌益は理解していた。ただ、そうだからと言ってこのまま放置しておけば、ますます法世のシステムは強化され突き進んでゆくばかりであろう。そこで、この誤りの法世であっても自然世に近付くための方策はあるとして、暫定的な改革案を呈示することになる訳である。その根幹は次の主張から読み取れるように思う。

「上ニ美食・美衣・遊慰・侈賁《しひ》無ク、無益ノ臣族無ク、上ノ領田ヲ決《さだ》メ、之レヲ耕サシメ、上ノ一族、之レヲ以テ食衣足ルトスベシ。諸侯、之レニ順ジテ国主ノ領田ヲ決メ、之レヲ以テ国主ノ一族、食衣足ンヌベシ。万国凡テ是ノ如クシテ、下、衆人ハ一般直耕スベシ。凡テ諸国ヲ上ノ地ト為シ、下、諸侯ノ地ト為サズ。是レ若シ諸侯、之レガ領田ノ耕道怠ラバ、国主ヲ離スベキ法ト為ス」(「真道哲論巻」)。

「上」の領地を制限し、その範囲内で一族の者にこれを耕させ自給させる。当然美食、美衣、無用の家臣などあってはならない。諸侯も同様にする。下の衆人も同様に自給生活を送る。そして、諸国の土地を全て「上」の管轄下に置き、諸侯のものとはしない。もし諸侯が違反する行為を行えば、その地位の剥奪をもって対応するというのである。こうすれば、次のような状況が生まれるという。

「若シ諸侯ノ内ニ、迷欲シテ乱ヲ起シ上ヲ責メ取ルトモ、決マレル領田ノ外、金銀・美女無シ。故ニ、上ニ立ツコトヲ望ム侯、絶無ナリ。税斂ノ法、立テザル故ニ、下、侯・民ヲ掠《かす》メ取ルコト無ク、下、上ニ諂《へつら》フコト無シ。上下在リテ二別無シ」(同前)。

欲望をそそるものがないから上に立つ望みは失せ、貢納の制がないから掠め取るといったこともなく、したがって下の者が上にへつらう必要もない。上下の関係があっても、実際上は何の差別も存在しなくなるというのである。この場合、「上」は当然「正人直耕」の理解者でなければならない。「上」には自然世が理想の社会であり、それに向かって行動するという了解がなければならない。言い換えれば、この改革案が実現可能かどうかは、「上」が率先して着手することが大前提となる訳である。だが、果たしてそうしたことは起こりうるのであろうか。

八戸での門人の顔ぶれの一部を見ても、神山仙確は八戸藩の御側医、高橋大和守(栄沢)は八戸藩の社人支配頭、上田祐専、関立竹は八戸藩医、北田忠之丞は後に勘定頭、福田六郎(定幸)は目付や用人の要職に就いている。

また二井田では、屈指の豪農である一関重兵衛を始めとして、長百姓《おとな》の仲沢長左衛門、安達清左衛門など有力農民が門人としてずらりと顔を並べる。この事実を一体どう捉えたらよいのか。彼らは八戸藩政や二井田村政の中枢と繋がっており、言わば法世を支える側の人物でもある訳だ。それにもかかわらず昌益の門人となっている。昌益の思想に共鳴し合わなければ門人となる筈はないから、当然昌益と彼らとの間には強く、互いに引き合うものがあったとみてよかろう。

「真道哲論巻」中の討論記録からは、特に後半部分になると、思想実践についての門人たちの意気込みがひしひしと伝わってくる。彼らには、法世での地位を投げ打つ覚悟が既に定まっているのだ。また、二井田の農民たちが昌益帰村後五年の内に、日待、月待、神事、祭礼から庚申待、愛宕講に至るまで取りやめてしまったことが窺い知れる。このことは明らかに昌益思想の実践に他ならない。昌益存命中はこの状態が続き、昌益死後、掠職の取り調べが始まる訳である。

恐らく昌益からすれば、「正人直耕」の賛同者をこうした人物たちの間で増やしてゆけば、圧倒的な数の衆人がいる状況の中、改革の芽は生まれると判断していたのではなかったろうか。むろん、武士から村役人に至る階層的支配は強固であり、武力以外に改革の手立てはなきかにも見える。だがそれでは、一旦打ち倒したとしても、新たな武力支配者の登場をもたらすに過ぎないであろう。肝心なのは人間であり、やはり「自然真営道」の理解者を増やすこと、それが「正人直耕」の鍵なのである。ただしこの方策にしても、神事や祭礼のレベルであればまだしも、藩政そのものの厳格な批判へと行き着けば命がけのものであったことは疑い得ない。司馬遼太郎氏もこう触れている。

「なにぶん外に洩れれば即座に首が飛ぶ。それほどの危険思想を昌益はひそかに門人に伝授したのだが、そういう昌益の凄味もさることながら、それをいっさい洩らさず、昌益という存在を珠玉のようにしておおぜいの掌で包んでいた八戸人の命がけの人情や気骨も、昌益その人と同様、当時の日本のどの地方にもなかった凄味である」(『街道をゆく』三)。

昌益は多数の患者を診察し、その際、酒色などに溺れた結果身体を損なって苦しみながらも、尚且つ捨て切れずにいる欲望の根の深さを肌身で感じたのみならず、一方では、汗して働く者たちの健康で、みなぎるような生気をも目撃していた。ここには病も、過剰な私欲をも拒絶する強さがはっきり見て取れた。目の光、肌の色、身体の動き、どれをとっても生き生きとしている。

つまり、すべての者には「直耕」を喜びとして受け入れる素地が、その体内に厳然として存在していると確信していたのである。そうであれば、「衆人直耕」も「正人直耕」もこの喜びの上に成り立っていよう。そこで昌益は己の思想をさらに強靭なものとするために、この素地―「活真」を新たな主体として登場させるのである。

さて、この活活とした真―「活真」は万物を生み、構成する根源的物質であるから、人間のみならず全ての物に内在する。そして、その働きはあらゆることに及ぶ。胎児が成育するのも、太陽が大地を照らし生物を育むのも、衆人が耕作に従事するのも、昌益が「自然真営道」を著すのも、人が生まれ死ぬのも、全て「活真」の営みに他ならない。特に人間に注目して、この「活真」は「穀精」でもあると昌益は言う。

「人の腹中に米穀を食うは、是れ米穀が小転定なる人の腹中に退くなり。穀精満ちて子を生ずるは米穀また人に進むなり」（「人倫巻」）。

――人が米を食べて腹の中に納めるのは、米が小天地である人の腹中に退くことである。穀物の精が満ちて子供が生まれるのは、米が腹中から出て再び人に進むことである――。

ここで述べられている「穀物の精」について、現代の字解では、五穀の美なるもの（実がきれいに付いているもの）を指すとある（『字統』）。これに対して昌益は、「精ハ米ヲ青クナルホド杵ト作ル」（「私制字書巻」三）としており、籾から籾殻を除いて食べられる米という側面を意識しつつ、この米をさらに磨いた米の精髄という捉え方で使用していることが分かる。

つまり、米のエッセンスが人の身体の中に入り、これが満ちてくることによって男女双方に交合の念が生じ、やがてこの米のエッセンスが子供として現れてくるのである。産科医でもあった昌益は一組の男女から子供が生まれる様を数多く目撃した。それは、米から得られた養分（穀精）が活真となり、この活真が満ち満ちて成せる働きであると理解していた。陣痛に堪え、子を生み出そうとする女性の姿に、力強い活真の力を実感したのである。

ところで、当時は出産に関しては医学の対象とはならず、また医書に触れられることもなく、『いなご草』や『男女御土産重宝記』のような家庭医学の俗書に委ねられていた（寺尾五郎「人倫巻解説」）。昌益死後の一七六六年になって初めて賀川玄悦の『産論』が出たのであるから、そういう意味でも、昌益の産科に対する関心の向け方は時代を先取りしたものであったと言える。いや、それに留まらず、内容についてもきわめて優れているとして、友吉唯夫氏は次のように指摘している。たとえば、「児育ち身《み》大に成るに随って⿰火発《ひ》⿰金発《へ》迫り溌《ほ》分《わ》きて迫を被《こう》むるに因て、小便を受盛りて久しく持つこと能《あた》わず。故に小便頻数なり。是れ児此《ここ》に在るの証なり」（「人倫巻」）について、「妊娠子宮の腸管、膀胱への圧迫の影響、とくに膀胱圧迫による容量の減少が尿意頻数の原因であることを説明している。これを逆に妊娠の一兆候としているなど卓見というほかない」（「安藤昌益における産科学思想」）とか、「経水止て三五日《さんご》の間に交合すれば必ず胎妊す。是《こ》れ婦人愚《おろか》にして知らず」（「人倫巻」）について、「妊娠可能期が存在することの指摘である。荻野学説を先どりした感さえある。三五日は十五日の意であろうから、月経がおわって十五日以内に妊娠が起こるというのはきわめて正しい」（「安藤昌益における産科学思想」）とかいった具合である。ちなみに、ここで触れている⿰火発《ひ》、⿰金発《へ》、溌《ほ》とはそれぞれ小腸、大腸、膀胱を指すが、昌益は既成の医学用語がにくづき（月）の偏を用いて腑臓の説明を行っているのを批判し、ことごとく言い換えてしまう。他にも、⿰木発《はっ》（胆）や⿰金止《さ》（肺）や⿰火止《す》（心臓）や沚《そ》（腎臓）といったように偏を替え、進気に当たるものには「発」を、退気に当たるものには「止」を配するということをやってのけている。

こうして、昌益は出産に注目し、「活真」の力強い営みについての確信を得たが、一方では同時に、「活真」の多産性ということについても確信を得ていた。一組の男女から複数の子供が生まれるのは勿論のこと、一粒の籾からは数え切れない程の稲穂が実るからである。

「育盛極《きわま》りて実《ミノリ》と為《な》り、一粒自《よ》り数百粒を分生す。諸穀凡《すべ》て然り。是《こ》れ転地《てんち》の万物を生ずる大気が僅かに穀粒に縮《ちぢま》って、然して開発して穀より穀を生ずるに、是《かく》の如く一粒が数百粒を生ずるなり」（「人倫巻」）。

――十分生育して実りの時になれば、一粒の種子は数百粒にもなる。全ての穀物が皆そうである。これは天地の万物を生む活真の気が一旦微細な穀粒に凝縮し、それからその働きを伸張して穀物から穀物を生み出し、一粒の種子から数百粒を生み出すからである――。

昌益は「活」を「水ニテ燥ケル舌ヲ潤ス」（「私制字書巻」二）と捉えており、ここからはしっとりとした、いかにも良好な健康状態の舌が想像される。こういう舌を持った人間であれば食欲は旺盛で、働きぶりも人並み以上に違いなく、その結果、収穫時には数多くの作物を得ることが可能となろう。また、「活真」を「イキテマコトナル」（「大序巻」）とも読ませているから、まさに「活真」は巨大なエネルギーを秘めた、多くのものを生み出す確実な存在に違いなかった。

そして忘れてならないのは、この多産性が貢納批判の裏付けともなっていることである。衆人からの貢納物で不耕貪食者の生活が支えられているにもかかわらず、不耕貪食者は、高飛車な態度で決まってこう口を開くのである。

「我々の政《まつりごと》のおかげで日々の生活が安心して送れるのじゃ。火付けや盗人の取り締まりは勿論のこと、道や用水路の開削、下草の刈り取りの許可、飢饉に際しては救米までも出しておるのじゃからの」

これに対して、昌益は怒りをもって次のように応じるであろう。

「取り締まりや許可などということがどうして必要であろう。一人一人が直耕の生活を送れば、この自然は何不足なく様々なものを生み出してくれるのだ。それは食糧から衣料、住居用の資材に至るまで全てに渡ってそうなのだ。貢納を増やそうと躍起になり、無理に田を開かせ、そのため用水の不足が生じ、少しの日照りでもたちまち凶作を引き起こすことになってしまった。凶作が続けば悲惨な飢饉を招来することになる。だが、この自然の営みに応じていればそんなことは決して起こらないのだ。それどころか、有り余る程の実りが得られるであろう。活真の営みとは本来そういうものなのだ。自分たちが原因を作っておいて救米とは何事か。飢饉などはまさに人災そのものではないか」

さらにまた、この「活真」は「気」の源でもあるから、昌益は両者の関係について次のように述べる。

「故ニ活真、常ニ自リ感《うご》ヒテ四気ヲ生ジ、四気常ニ進退退進・互性・三序シテ活真ヲ養フ。養ヒヲ得テ活真、常ニ自リ感《ウゴク》ニ四行・進退ノ気ヲ為ス」(「神書巻」〈甘味ノ諸薬・自然ノ気行〉)。

「活真」は常に自ら動いて四気(木・火・金・水)を生じるが、この四気も前に進んだり後ろに退いたりして互いに深く生かし合いながら、上に、横に、下に巡って「活真」を勢いづける。こうして勢いを得た「活真」は再び先の営みを繰り返すのである。つまり、「活真」と「気」は互いに交流し合う関係の中にある。過剰な欲が抑えられれば人々から出される「気」は濁らず、したがって大地や宇宙を巡る「気」も濁らず、それ故に「活真」の方も勢いづく。「気」全体が私欲のない営みで満ちた時、「活真」はその秘めた力を思う存分発揮するという訳である。

かくして、「活真」はあらゆるものに内在し、その営みは全てのことに行き渡る。それを昌益は簡潔にこう述べている。

「転定・人・物、所有事《あらゆるじ》・理《り》・微塵《みじん》ニ至ルマデ、語《ご》・黙《もく》・動《どう》・止《し》、只《ただ》此ノ自然・活真ノ営道ニ尽極《じんきょく》ス」(「大序巻」)。

天地、人間、物、あらゆるできごとやそのことわり、塵ひとつに至るまで。また、語ることも、黙ることも、動くことも、止まることも、全て自《ひと》り然《す》る「活真」の営む道そのものであると。したがって、「活真」を共有する者同士である人間に対しては当然平等観が生まれて来よう。士農工商の身分差別などもっての外である。男女は平等であり、不産に関してもその原因は双方にあるとして一切差別をしない。さらに、万物に「活真」は内在するから、全てのものに対する平等観――「共生」の考え方へと行き着くのも理解しやすいであろう。人間のみで生きることはできず、人間を取り巻く万物が活活とした状態であってこそ初めて、人間も生き生きとして存在しうるのである。こうした「活真直耕」を妨げ「気」を汚すのは、ただ人間のみである。そこで昌益は、恐らくこう熱っぽく語り掛けることであろう。

「己の心に問うてみよ。汗を厭う気持ちはないか。楽をしたいという思いはないか。本当の楽とは心の底から湧き起こるもの。それは喜びを伴って初めて得られるものだ。喜びとは己の活真に従って生きることに他ならない。過剰な欲を捨てよ。汗をかけ。健全な身体に真の喜びが生まれるであろう」

このように「活真直耕」の考え方に到達した時、昌益は、多数の餓死者を前にして無力感に打ちひしがれた己の医学が再び息を吹き返したと確信したに違いない。それはちょうど春の息吹のように全体を包み込む暖かさを秘めていたろう。苦しみの刻まれた顔のどこかに、安堵の表情も見られた筈である。「活真直耕」の土台が控えているかぎり、「衆人直耕」も「正人直耕」も確実に実現しうる。昌益の医学は、社会に対する治療も視野に入れてより強靭なものとなったのである。

以上のような捉え方を背景にして、私はようやく「安藤昌益の『直耕』について」という論文を書き上げた。そしてこれを法学論集に発表した。既にオーバードクターの期間も終わり、研究生の一年目に入っていた。

十二章　「互性論」の完成

　次いで私は、昌益思想のもう一つの柱である「互性」について取り掛かった。手法は「直耕」の場合と同じように字義の確認から始めたが、ここではその詳しい内容は省き、肝心な点のみを押さえておくことにしよう。

　まず、「互性」という表現が見慣れないものであることが挙げられる。「互」という文字に続いて、漢字一文字が置かれることは当時でも珍しい。山鹿素行（一六二二―一六八五年）が『聖教要録』の中で、「陰陽互根不可偏廃」（陰陽根を互いにして偏廃すべからず）と、「陰」と「陽」が一方だけでは存在することはできないと指摘する際に使用しているが、通常は副詞的に「たがいに」という意味で使われることが圧倒的に多い。たとえば徂徠は次のように用いている。

「一町一村ノ人ハ相互ヒニ自然ト馴染付故、悪キコトヲバ相互ヒニ異見ヲ言ヒ、言ハレ、異見を聞ヌコトモナラズ、又相互ヒニ見放ス事モ無ク、交リ念此ニナル也」（『政談』）。

顔馴染になった時には、互いに語り合ったりして付き合いが深くなるものだと言う。当然監視の目が生まれるから、戸籍をしっかり押さえておくことが治世には肝要だという流れの中での主張である。文字通り「相互いに」である。また、女郎の男に対する遣り取りについて書かれた『けしすみ』にもこう用いられている。

「ひたもの互ひに、磨き立てて、彼方《あなた》の偽りを、それと知りながら真に受けたる顔にて、……厭ながらも起請を書き、爪・指の数を尽くし、心の底に微塵も物のなきやうに、五臓・六腑を互ひに探し探させて」。

「磨き立てて」というのは「手練手管を尽くして」ということで、男と女が互いに良く見せようとする際の、女の心の様を描写している。

では、昌益の場合はどうかと言うと、副詞的ではなく「性ヲ互ヒニス」と動詞として使用するのであるが、この「互」の捉え方がきわめて独特である。「互」という文字が単に「互いに」という意味を表すのではなく、文字の形自体、夫婦が仲睦まじく横になって寝ている様を示しているとするのである。「互」という文字を横にして見ていただきたい。そういう風に見えはしないであろうか。そして昌益は、この状態を「二人心安フシテ一和シ、横ニ寝テ別心無ク」（「私制字書巻」一）と説明する。つまり、「互」に「たがい」という意味以上の強い結び付きを想定していることになる。そしてさらに注意すべきは、「互」に続く「性」をこう捉えていることである。

「心ヲ生《イカ》ス、生《イカ》ス心、故ニ『タマシイ・イノチ』」（私制字書巻）二）。

「性」は生まれついての心持ちではなく、心を生かすことを指しており、もっと活動的なものであり、魂であり、命である。とすれば、「互性」は、魂を強く結び付ける様を、互いに浸透し合う程に生かし合う様を示していることになろう。たとえば、食した米のエネルギー（穀精）が身体に満ちる。満ちれば、このエネルギーは精水、精血となって体外に洩れる。男十六歳、女十四歳になると時期を得て、互いに感通し合い、交合に至る。「余念ヲ亡ボシテ真感和ス」（「人倫巻」）るのである。こうした極めて強い結び付きを昌益は「互性」に想定しているのである。

当時、「男の性」「女の性」と捉えれば、そこにはたちどころに差別が発生した。女は劣っているものとして、それに相応しい仕事内容や作法などが要求された。だが、昌益はこれを激しく批判する。この世に「性」というものは存在しない。あるのは「互性」だけなのだ。男女しかり、天地しかり、生死しかり、明暗しかりである。夜明けどきの暗から明への変化。暗の部分に明が浸透して徐々にその範囲を広げてゆく様。逆に夕暮れどきの明から暗への変化。暗は明へ浸透して人の視野を狭めてゆく。また、たとえば男女。稲刈りの際、刈り取られた稲束を、女が男に手渡せば、男は受け取って稲架《はさ》に架ける。力の差はあろうとも、収穫するための労働には何の違いもない。共に支え合いつつ、二人の間に子を得て、日々の生活を連綿と営んでゆく。一方がなければ、他方も存在しない。一方があって、はじめて他方も存在する。これはこの世を貫く法則だと昌益は主張する。そして、この「互性」は単に「状態」を表すだけのものではなく、ダイナミックに次のように展開していくと言う。先にも少し触れたが、ここでは説明を簡単にするために、四季について敢えて四行の段階の例で示すことにする。

まず、春の季節。四行の内「木」が表に現れ、互性関係にある「水」が伏在する（等対）。同時にこの時、「火」「金」も伏在して「木」を支える状態にある。つまり、「木」対「火」「金」「水」の互性関係が成立しているのである（発見《はつげん》）。やがて時が経ち、夏に向かおうとすると、革《あら》めたり、就《つ》けたりする機能を持つ「土」の働き掛けが始まる（革就《かくしゅう》）。「木」に代わって「火」が表に現れようとし、互性関係にある「金」が伏在し始める（等対）。同時にこの時、「木」「水」も伏在して「火」を支える状態となる。「火」対「水」「木」「金」の互性関係の成立である（発見）。同様に、秋には「金」が、冬には「水」がそれぞれ表に現れ、他の三行が伏在の状態に入るのである。

このようにして、互性関係は「等対」「発見」「革就」の三側面を有しながら展開していくことになる。

つまり、互性関係は静止したものではなく、次から次へと新しい互性関係を生み出し続けるのである。「活真」が活活として動き続ける存在である以上、これは当然のことであろう。そしてさらに、この展開過程には二つの流れが設定されている。一つは万物生成に関わるもので、「木水互性」、「火金互性」を主とするもの。もう一つは生み出されたものの内実（性質や性格）に関わるもので、「木金互性」、「火水互性」を主とするもの。昌益は前者を「気道の互性」、後者を「味道の互性」と呼ぶ。

たとえば春の季節。「木」が進んだり、退いたりすることによって、春一番が吹き、ぽかぽかとしたのどかな日々が生み出される。草木は芽吹き、鳥たちもさえずり始める。この時、「木」対「火」「金」「水」の発見の互性（気道）が成立しているが、視点を変えれば、「木」と「金」の互性（味道）もこの発見の互性に寄り添うようにして成立しているのが分かる。春らしさを生み出している訳だ。そして、味道の互性で昌益がとりわけ力を入れたのは、やはり人間の場合である。人間には思いを募らせたり、思考したりする精神的側面があるが、それぞれを八つに分類し、「八情」（感情的側面）と「八神」（理性的側面）としている。「八情」について、一つ例を挙げてみよう。

「進木・胆気ハ発シテ、退キ顧ミルコトヲ知ラズ、故ニ非情ナリ。進金・大腸気ハ収メテ、進ミ放ツコトヲ知ラズ、故ニ理情ナリ」（「人相視表知裏巻」二）。

「木」の進気は人間の身体では胆のうに関わるが、この気は、春の芽吹きのように一斉に発散しようとする力であり、がむしゃらに外に向かって動く激情（非情）となって表れる。一方、「金」の進気は人間の身体では大腸に関わるが、この気は、秋になって実りを付けようとする力であり、内に向いており、したがって抑制し、整えようとする感情（理情）となって表れる。さらに、この「非情」が退く時には、外に向かった激情が満足な結果を伴ったということで「喜情」が生まれ、また、「理情」が退いた時には、予想に反する結果（喜びの喪失）を伴ったということで「驚情」が生まれる。

ただこう述べたからといって、非情が劣っていて理情が優れているなどということにはならない。前者は己の素直さを示すだろうし、逆に後者は、誤りを犯しても自己正当化の理屈をこねるかもしれない。喜情にも、一方では驚情という事態が生ずる故に謙虚さが生まれるであろう。共に、深く生かし合う関係があればこそなのだ。ここからも分かるように、こうした昌益の分析は固定的なものではなく、常に動的である。周囲との関わりの中で非情側に寄ったり、理情側に寄ったりする。そうして、深く生かし合うポイントで発見の互性は成立するのである。

ところで、「気道の互性」にしても「味道の互性」にしても、この互性関係を演出するのは「土」である。新たな状態に改める「革」、この状態をバランスを保ちつつ維持する「就」。「土」には「革就」という独特の働きが与えられたが、ここにも、昌益の医学理論の裏付けが見られる。

もともと既成の五行論においても「土」は他の四行と比べて特異な位置を有していた。つまり、「木にしても金にしてもそのうちに土を含むことがなければ、木あるいは金は、木、金、としてたちあらわれることができない」（島田虎次『朱子学と陽明学』）ものとして捉えられており、それを氏は、にがり、あるいは核のようなものと指摘している。

昌益はこれをさらに徹底させ、「土」を五行から外し「土活真」と捉え、他の四行全体を革就する働きを与えた。そして、まず胃にこの「土活真」を配した。口から入った食糧はこの胃で消化され、全身に行き渡る活力の源が作り出される。特に、煮熟した穀物や野菜を食していれば健康な状態が維持され、逆に飢饉などでそれが不可能となれば、たちまちにして体力は衰え、やがて死を迎えることになる。胃は身体の中心であり、食糧が供給されることによって精気に満ち満ちた状態を作り出す。そして、この精気（養分）が進木にあたる「瞼」「胆のう」「左足」、退木にあたる「目玉」「肝臓」「小腹」、進火にあたる「唇」「小腸」「左手」、退火にあたる「舌」「心臓」「胸」、進金にあたる「鼻」「大腸」「右手」、退金にあたる「歯」「肺」「うなじ」、進水にあたる「耳輪」「膀胱」「右足」、退水にあたる「耳穴」「腎臓」「腰」へ次々と巡ってゆくのである。

現在の医学では認められないが、胎児の場合も、胃の下部に付いたへその緒を通してこれを受け取ると昌益は言う。それに、「土」は食糧を生み出す大地そのものである。鍬で大地に働き掛ければ、大地はそれに正直に応えてくれる。両者の関わりに何ら謀はない。また、「土」は日々の食事を整える囲炉裏、そこに盛られた灰にも繋がる。吊り下げられた鍋で程よく煮立てられ味付けされた食べ物は人の生命を支え、灰は、こうした働きをやってのける囲炉裏全体を支えている。

こうして「土」に特別の位置を与え、四行からなる互性論の見方に立った昌益思想は、巷に蔓延《はびこ》っている常識を鋭くえぐるものとなる。物事には必ず二つの側面があり、一方だけを取り上げるのは誤りだと主張するのであるから、やがてそれは、上下の身分関係や貴賤といった二別（差別）に対する批判となり、終には、既成思想のバックボーンとなっている陰陽批判へと行き着く。そして、江戸封建体制の否定へと視野が広がってゆくのである。

むろん、最初からこうした立場に立てた訳ではない。昌益の出発点はやはり「直耕」である。人間として、もっとも相応しい生き方は何かが第一に問われた。それは自然の法則に倣うことであり、過剰な私欲を捨て去ることであった。具体的には、食糧を生産する「農」に関わることが重視されたが、そこで実際に繰り広げられる生活を見れば、何よりも夫婦や家族の結びつきが土台となっていることが理解された。人は一人では生きてはいけない。人は集団の中で生きてゆかざるを得ない。では、「直耕」を満足しつつ、二別の発生を防ぐためにはどうあるべきか。長い苦闘の時間が費やされた。そして思索を深めた結果、得られたのは「互性」であった。事実昌益の著作全体を見通せば、「直耕」から「互性」へと徐々に力点が移ってゆくのが分かる。極端な例を示せば、昌益思想の最終到達点である「大序巻」においては、「直耕」という表現は「互性」のそれに比べてきわめて少なくなっている。私が数えたところ、都合二十箇所程に過ぎない。ただ、だからといって、「直耕」がすっかり霧散してしまったということではない。昌益はあくまで土の香りを漂わせる思想家である。衆人のかく汗に至上の価値を見出した人物である。言わば「直耕」は、「互性」の中に収納された、あるいは、「互性」の中を貫く縦糸としての意味合いを強めたということになろう。

そして、さらに重要な点がある。この「互性」は、一つの互性関係の中に留まらないということである。波紋のように、次から次へと展開してゆくのである。

「転真ハ一物ヲ慈シマズ、万物ヲ憎マズ、生生無尽ナリ。貞中、先師ノ余徳ニ沢《うるお》フテ、此ノ言ヲ為ス。信《まこと》ニ良中唇ヲ開ケバ活真・自行ノ余感ナリ」（「真道哲論巻」）。

——活真というのは何一つとして惜しむことなく、また、どんな物でも憎むことをせず、次々と生み出して尽きることがないものだ。門人の貞中は、昌益先生から溢れ出す素晴らしさに感化され、このような見事な発言をすることができた。まことに良中先生（昌益）が語れば、先生の活真からおのずと発せられる影響力が周囲に及ぶのである——。

もともと昌益は、米の「余精」から麦や粟や大豆が、麦や粟などの「余精」からは他の雑穀が生じるとし、また、男性の「余精」と女性の「余血」からは人が誕生すると捉えていた。そして、ここで述べられている「余徳」「余感」の段階に至ると、「余気」となって周囲に働き掛けるものとなるのである。たとえば、活真の営みを理解し、田を耕しながら張りのある生活を送っている一組の男女がいたとしよう。それを日々目撃する隣家の夫婦は、最初はその一生懸命な姿に戸惑いを感じたかもしれない。だが、会話を交わす内に次第に自分たちが影響を受け、徐々に変わり始め、やがて同じような生活ぶりになってゆく。一組の互性関係が別の互性関係に変化を与える。こうした状況は次の隣家へ、次の隣家へと拡大してゆく。最後には村全体に行き渡るのである。昌益が二井田の宗教的行事などをやめさせてしまったのは、まさに彼の「余気」が波紋のようになって展開した結果だったのだ。さらに、こうした互性関係は自然の中へも浸透してゆく。互性関係を満足させながら自然に働き掛ければ、自然の方も互性関係を満たしつつ豊富な作物を生み出してくれる。光、熱、雨、四季の移り変わり。全てが連動し合い、見事に互性関係の中に組み込まれてゆく。太陽も月も惑星も皆この互性関係の中に結ばれてゆくのだ。こうして全宇宙が活活とした営みを続けてやむことがない。無始無終の活真の営みをここに見て取ることができよう。

だが、もし仮に過剰な欲望に取りつかれた男がいたとしよう。金儲けのためにはあくどいことをやってのけ、周囲といざこざが絶えない。夫婦の関係も冷え冷えとしている。それでも彼はひたすら金銭を蓄えることに精力を注ぎ、次第に力を増してゆく。その内彼に同調する者も現れるようになる。まるで濁り水が広がってゆくような具合だ。彼の呼吸から発せられる気は汚れ、邪気となって飛散してゆく。同調者からの邪気がこれに加わる。それはどんどん膨れ上がり、やがて自然の営みに影響を与えるようになる。互性関係は崩され、四季の運行も乱れ始め、長雨や冷夏を招き寄せ、凶作が続発するようになる。そして飢饉となり、夥しい餓死者が出るのである。こう述べると、邪気が自然に働き掛けるなんてと不思議に思われる方がいるかもしれない。それなら、さらなる利益を得ようとしてエネルギー資源を浪費し、その結果引き起こされている現代の環境破壊を見るがよい。人間の過剰な欲望は地球全体の危機を招いているのだ。昌益の指摘はまさにこのことを示している。多くの飢えた人々を目撃し、長年にわたって患者を診察し、人間の心理分析にも力を入れた昌益の視線は、はるかに深く人間を捉えていると言えよう。

こうして私は先の論文発表後四年間をかけて、「安藤昌益の『互性』について」という論文を書き上げた。そして、これを前回と同じように法学論集に載せた。この二つの論文で追究した「直耕」と「互性」は昌益思想の二本の柱であり、これによってようやくその骨格を掴み得たのだが、実はそれまでの研究過程で、気になる存在が徐々に浮かび上がってきていた。それは荻生徂徠である。と言うのも、徂徠が声高に唱える「道」は、昌益が批判する法世の論理そのものであり、そこにはまさに反面教師としての姿が見て取れたからである。昌益は著作の中でこう徂徠に触れている。

「……日本ノ厩子《きゅうし》及ビ世々ノ学者、道春《どうしゅん》・徂徠《そらい》ラニ至ルマデ、凡テ不耕ニシテ衆人ノ直耕ヲ盗ミ」(「私法世物語巻」)。

この引用箇所の冒頭は古代中国の帝王と呼ばれた人物から始まり、順次、孔子や孟子や朱子、釈迦、聖徳太子などが羅列されていて、締め括りとして徂徠が登場する流れになっており、いずれも不耕貪食の徒であり、二別の制を作り上げ、補強してきた面々として批判されている。特に同時代人の徂徠は、昌益にとってもっとも身近な批判対象であったに違いない。別の箇所では、徂徠の学問など小鳥のみそさざいの鳴き声みたいなものだとこき下ろしているのが目に付くが、やはり徂徠は昌益の中で、それなりの比重を占めているのが理解された。自然な流れと言うか、私の心の内では、次の研究目標は「徂徠と昌益との関係について」ということになっていった。既にある程度徂徠のものには触れていたが、さらに関連文献を集めつつ、ひたすら徂徠の著作を読み込む生活へと走り出すことになった。徂徠も大部の著作を書き残している。徂徠研究の論文も多い。昌益と比較検討しながら全体に目を通すのには、相当な時間が掛かりそうであった。そして、こうなってくると性格上、私からは時間の観念が徐々に欠如し始める。自分の年齢とか、将来のこととかが頭からすっかり抜け落ちていってしまうのである。

そうして二年程経った、まだ寒さが残る三月の上旬の頃であった。突然、田舎で一人暮らしをしている母の体調が良くないとの知らせが入った。母は既に七十六歳になっている。年齢からすれば、当然起こりうる事態に違いない。前もっての心構えがあって然るべきであろう。だが、私はとっさに急所をどんと突かれたような感覚に陥った。それは、好きな研究にひたすら没頭している自分の姿を望遠レンズで覗き見したような具合であった。自分のことだけを考えている歪さが露呈しているようにも思えた。瞬時にそう感じたのである。私は慌て、そして悩んだ。研究をこのまま続けたい。だが、そうすれば母はどうなるのだ。早くに夫と死別し、苦労し続けてきた人生の末路もまた孤独なものとなってしまうのか。母をそういう局面に追いやる程、私のこの研究は価値のあるものなのか。現実がひたひたと打ち寄せる。何も決められないまま二週間程があっという間に過ぎていった。

私は部屋に閉じこもったまま、自問を続けていた。周りには昌益関係の文献が所狭しと置いてある。今までの研究の日々が、頭の中を巡り巡ってゆくのが分かる。そうして、いつしか昌益との対話へと行き着いてしまう。しかし、結論を出すのが怖いのであろう。繰り返し、繰り返し、同じような問いが続く。延々と続くのである。

——このまま研究を続けたらどうなるのか。それは私の我欲というものだろうか。だが、研究を続けたい気持ちは強い。だからこそ、一度は大学院を去っても再び熱い思いで戻って来たのではなかったのか。いや、昌益の思想をもう一度振り返ってみる必要があろう。特に昌益の言う互性とはそうした生き方ではなかろう。互いに信頼し合って、生かし合うものではないのか。自分自身が母に対してそうできないでいるのに互性を語るとは、どこか矛盾しているのではないか。互性について書いたこんな私は一体何者なのだ。空理空論を弄んだということになるのか。いや、そうではない。私は確かに互性を信じたのだ。互性の素晴らしさに引かれたのだ。それは間違いない筈だ。だとすれば、はっきりと互性と矛盾しないような生き方をするべきであろう。それがまさしく、互性が真に身に付いたかどうかの試金石となろう——。

ちょうど四月に入ろうとする頃だったと思う。私は田舎に帰り、母の世話をすることを心に決めた。不思議なことだがこの時、そういう道がずっと敷かれているような、先の方まで見通せるような感覚が生まれていた。何故だか理由は分からない。とにかくそう決断した。

そして、田舎に戻る前に真っ先に手掛けたのが書籍の整理であった。そのためには古本屋に売り払うことが必要であった。実家には収容する場所などないから、これだけの大量のものを持ってゆく訳にはいかない。少し離れた所にある古本屋に午前に一回、午後に一回、自転車を利用して運んだ。一回十冊、一日二十冊程度である。一冊二千円程の専門書に百五十円前後の値が付けられた。店員は本を手にしては眺め、容赦なく実に機械的に値段を計算機に打ち込んでゆく。合計額が瞬く間に出される。愛着があるぶん余計に安く感じられ、心の中を隙間風がさっと吹き抜けてゆくのだった。

この古本屋通いは雨の日以外は毎日続いた。その内、午後の二回目が終わると、途中にある賀茂川の土手に下りて、備え付けのベンチに腰を掛けるのが日課のようになった。知らず知らずの内に誘われると言うのか、そうなってしまうのだ。流れゆく川面を見ながら、どこかで気持ちを落ち着けようとしていたのだろう。必死で集めた書籍を手離すことは、身ぐるみを脱がされるようなものだ。再び研究から離れてゆくという辛さが思いの外高じていたと言えるかもしれない。ただ、それでも、心の底には次のような確信めいたものがあった。

「真に身に付いたものしか残らない。昌益から真に学んだものは消えはしない」

こうして売れる書籍を全て処分するのに一ヵ月程は掛かったように思う。売れないものはごみとして処分し、手許には、どうしても持っていたい数十冊だけが残った。これらは僅かの家財道具とともに部屋の隅に積まれた。

母は腎臓を悪くしていた。目にも、腰にも問題を抱えていた。そのため毎週、どれかの医者に掛からねばならない。それに、診察時間は午前中である。となると、私が働けるのは午後から夜ということになる。田舎のことであるから、そうそう多様な勤め口があるわけではない。迷ったあげく、ホテルの夜警の仕事に就いた。夜十時から翌朝七時まで、途中三時間の仮眠がある。但し、一週間のうち二日間は夕方七時からの勤務で、残り一日が休日である。

夜警と言っても、見回りや戸締りだけでなく、風呂掃除なども担当し、きっちりと分業体制が整っている訳ではない。他の部署でも似たようなもので、忙しい時など何でも有りの様を呈する。都会の大ホテルのような具合にはいかないのが普通だ。

ホテルから帰宅すると、朝食の準備をし一緒に食べる。後片付けをして昼まで寝る。むろん、医者の所に行く日には睡眠は取れない。昼過ぎに再び一緒に軽い昼食を済ませ、母を休ませておき、それから洗濯機にスイッチを入れ、部屋の掃除をやり、そしてスーパーに買い物に出掛ける。帰宅してすぐに夕食の準備だ。その間に洗濯物を干す。腎臓疾患のため、母の食事内容には注意を払わなくてはならない。カリウムや塩分の摂り過ぎは禁物である。食品成分表と照らし合わせながら献立を考える。それまでの一人暮らしのせいで食事を作ることに慣れてはいたものの、それでもなかなかに時間が掛かる。次いで、一日置きだが母を風呂に入れ、それから少し早目の夕食。後片付けをし、ようやくにして休息が取れる。遅番の時には九時過ぎに家を出、早番の時には六時過ぎに家を出てホテルに向かう。

これがおおよその私の一日のスケジュールであった。ただこの間にも、母が一ヵ月とか二ヵ月とかいった期間、入院することもあったから、その際にはまた色々と私の生活に変化が加わる。こうして母を中心にした生活に否応なくどっぷりと浸かっていく。

これまでは自分自身のことを第一に考えた暮らし振りで、それからすればこれは劇的な変化である。最初の内は、本当に睡眠不足に悩まされた。仕事中の仮眠時間にぐっすり寝られる訳もなく、かと言って、帰宅してからの睡眠も明るさのためか浅いままである。果たしてこんな生活がいつまで続けられるだろうかと不安だらけであった。

ところが半年もすると、何かしら身体の底の方から、どんどんとエネルギーが湧き出てくるような感覚になり始めた。不思議なことである。柔らかな母の表情を見ていると、役に立っているという充足感や喜びが自然に生まれてくるのだ。母の思いが私に伝わっている。母の「余気」が私に影響を与えている。二人の間に「互性」関係が成立している。そう実感するようになってきたのである。また、九歳の時に父を亡くし母方の祖父に引き取られた私に、その祖父が繰り返し言っていた言葉も常に頭の中にあった。

「母ちゃんを頼むぞ。母ちゃんをな」

この願いに応えているという思いも強かったような気がする。時間を超えて、祖父の「余気」が働き掛けていると言うべきか。私はこの上ない生きがいに満たされ、驚く程の活力を得るようになっていたのである。

こんな風であったから、自由になる時間などなく、昌益の著作に触れるなどということも全くなかった。その代わり、日々の生活の中で何かの折に、ふと昌益のことを思い出すようなできごとが生じた。たとえば、母は体力が衰えていたから寒さには敏感になっていた。八月の半ばを過ぎたばかりの頃に、「秋風が混じっとるなあ」と溜息をつきながら言う。それを聞いた私はすぐさま、「火」を主とする夏の互性関係が「金」を主とする秋の互性関係へと移る様を想像した。「火」が下降し、「火」を支えていた「金」が少しずつ上昇し始めるのを。その微かな動きを間違いなく母は感じ取っているのだった。また、食事が進むと、体調が比較的良いのが分かる。「美味しかったなあ」と言って箸を置いた時は、具合の良い時だ。腎臓が悪くても、恐らくそれなりに身体全体としてはバランスが取れているのだろう。この時私は、昌益の胃を中心とする医学を思い遣った。食べ物のエネルギーは胃から他の器官、他の部分へと運ばれる。まずもって、胃が第一なのだ。母の状態はそのことを見事に示していた。さらに、ホテルの風呂掃除をしている時には、昌益が残した和歌が急に思い出されたりした。

「人のあかほどに吾が身の恥づかしく
風呂屋の火たき見るに付けても」

自分自身をへりくだるのに、あかを持ち出している。恐らく何の役にも立たないという例えであろうが、身体を凝視した昌益には相応しい表現と言えよう。そして私自身が今、あかよりもましな生き方をしているだろうかと振り返ってみるのだった。

こうした生活が五年目を迎えた時、とうとう母の最後の入院の時がやって来た。既に腎臓透析を受けていたが、それも体力の衰えから手首のシャントが詰まり、腿からの血液交換になっていた。それは、誰が見ても痛々しい姿だった。母はベッドの上で毎日、「えらいなあ、えらいなあ（つらいなあ、つらいなあ）」と苦しがった。私は背中に手を回して何度も何度も擦った。用事で家に帰る以外はずっと側に付いていた。そして、寂しがる母を残してやむなく夜勤の仕事に出掛けた。

病院全体が静かだったから、確か日曜の朝だったように思う。ホテルから直行して母の許に駆けつけた時、待ち兼ねた表情を見せて、母はすぐに身体を起こしてくれと頼んだ。私は母の腰の辺りに枕を挟み、ベッドの上に半身を起こした。すると母は私を見詰め、それから頭を下げ、こう言ったのである。

「一博、ありがとう」

低い声であった。最後の力を振り絞っていた。私は何も言えず、そのまま母の身体を抱き寄せ、それからゆっくりと寝かせた。死期の近いことが私にも分かった。数時間後、母は大きな呼吸を繰り返す状態となり、応答は途絶え、やがて深い眠りに入った。その間、ずっと私は側で母の顔を見ていた。時折頬を撫でてみる。母の体温が手に伝わる。母の表情は何とも言えずうれしそうで、確かに微笑んでいる。辛い別れが来る筈なのに、この穏やかな時間の流れは一体どうしたことだろう。母の口元からは空気が出たり、入ったりしている。

——ああ、母は天地と呼吸を繰り返している——。

私は今、「活真」の気を実感している。母にもそれが分かっている。何もできなかったこんな私に母は、なおも思いを伝え続けようとしていた。

近付こうとすればする程、その存在は遠く感じられる。思想が難解なせいか。私の読解力が未熟なせいか。さらに自分自身への問いかけは続く。私に何か基本的に欠けたものがあるのか。それとも、私にはもともとそれに対応できるだけの能力がないのか。私の安藤昌益への接し方は常にこの繰り返しであったように思われる。

今でも鮮明に覚えているのは、本文でも触れたが、修士課程を終え、博士課程の試験への準備をしていた時のことである。試験科目であるフランス語の原書を読みながら、心のどこかでは、そこから離れている自分自身を意識していた。「今のままでは何も理解できまい。もっと汗をかく生活をせよ」。無視しようとしても、背後から執拗にそう語り掛けて来るのが聞こえるのである。結局、原書を破り捨てた時の重苦しさと、後悔を含んだ開放感が私をどっぷりと包むことになった。その後、身体を酷使する日々が続いたが、しかしこの選択のおかげで、昌益の理解は確実に進んだ。汗をかく生活は無駄ではなかったのである。

また、母の世話をするために帰郷すべきか悩んだ際も、私の背中を押したのはこの声であった。肉体的にも精神的にも大変であったが、「生」と「死」の狭間を行き交う母の姿は、「命」とは何かを有無を言わさぬ迫力で教えてくれた。昌益の場合、これを「活真」という表現を使用して説明するが、いづれにしても、根幹から物事を捉えようとする彼の態度に重なるものであった。そして結果として、一層理解は深まったのである。

このように、私の生き方と昌益の思想は共に相俟って響き合って来たと言えよう。調和していれば強い支えとなり、そうでなければ、私の生き方を修正するしかないという具合にである。この思想には二つの大きな柱があり、それを「縦の糸」「横の糸」と捉えた。「直耕」と「互性」がそれである。それぞれ幅広い意味を持つが、卑近な例を提示すれば、前者は、生物としての存在を忘れるなということであり、後者は、人間は、己を取り巻く全てのものに支えられていることを肝に銘じよとの思いである。現代人が、得てして忘れがちな側面であろう。詳しくは本文を読んで理解していただきたいが、昌益の思想には、これからの時代に必要とされる溢れんばかりの叡智が含まれている。これらが多くの人々に浸透し、広まっていくことが私の願いである。

この著作ができるに当たっては、松柏社の森信久社長、大学時代からの友人である俣野博史君にひとかたならぬお世話になった。また、同じ大学時代からの友人である白相淑久君にも応援を頂いた。ここに深く感謝する次第である。最後に、亡き母、三品ゆり子にも感謝し、この著作を捧げたいと思う。

主要参考文献

安藤昌益研究会編『安藤昌益全集』一巻―二十一巻、農山漁村文化協会、一九八二―八七年。

奈良本辰也訳注『統道真伝』上下巻、岩波文庫、一九六六―六七年。

ハーバート・ノーマン『ハーバート・ノーマン全集』三巻、岩波書店、一九七七年。

安倍能成編『狩野亨吉遺文集』、岩波書店、一九五八年。

渡辺大濤『安藤昌益と自然真営道』、勁草書房、一九七〇年。

野口武彦『安藤昌益』、中央公論社、一九七一年。

安永寿延『安藤昌益』、平凡社、一九七六年。

八戸市立図書館編『安藤昌益』、伊吉書院、一九七四年。

安永寿延校注『稿本自然真営道』、平凡社、一九八一年。

尾藤正英「自然真営道（抄）」「統道真伝（抄）」『日本古典文学体系九十七近世思想家文集』所収、岩波書店、一九六六年。

中村幸彦「自然真営道（大序）」『日本の思想十八安藤昌益』所収、筑摩書房、一九七一年。

尾藤正英「安藤昌益」『日本思想大系』四十五巻所収、岩波書店、一九七七年。

家永三郎「封建社会における近代思想の先駆」『近代日本思想史講座』第一巻所収、筑摩書房、一九五九年。

安永寿延編『人間安藤昌益』、農山漁村文化協会、一九八六年。

田原嗣郎『徳川思想史研究』、未来社、一九六七年。

相良亨『近世日本における儒教運動の系譜』、理想社、一九六五年。

村岡典嗣『本居宣長』、岩波書店、一九二八年。

吉川幸次郎他校注「荻生徂徠」『日本思想大系』三十六巻所収、岩波書店、一九七三年。

今中寛司『徂徠学の基礎的研究』、吉川弘文館、一九六六年。

吉川幸次郎他校注「伊藤仁斎　伊藤東涯」『日本思想大系』三十三巻所収、岩波書店、一九七一年。

子安宣邦『伊藤仁斎』、東京大学出版会、一九八二年。

丸山真男『日本政治思想史研究』、東京大学出版会、一九五二年。

大館市史編さん委員会『安藤昌益その晩年に関する仁井田資料』、一九七四年。

八戸市史編さん委員会『八戸市史』、一九七六年。

八戸市史編さん委員会『八戸市史資料編』近世一―四巻、一九六九―七四年。

西村嘉『八戸の歴史』、伊吉書院、一九七七年。

岩手県『岩手県史』第五巻近世編二、一九六三年。

森嘉兵衛『南部藩百姓一揆の研究』、法政大学出版局、一九七四年。

今村義孝「秋田藩と上方市場」『東北水運史の研究』所収、巌南堂書店、一九六六年。

深谷克己『南部百姓命助の生涯』、朝日新聞社、一九八三年。

田中圭一『百姓の江戸時代』、ちくま新書、二〇〇〇年。

前田正治編『日本近世村法の研究』、有斐閣、一九七八年。

関山直太郎『近世日本の人口構造』、吉川弘文館、一九五八年。

田中圭一『村からみた日本史』、ちくま新書、二〇〇二年。

磯田道史『武士の家計簿』、新潮新書、二〇〇三年。

成松佐恵子『近世東北農村の人びと』、ミネルヴァ書房、一九八五年。

今田洋三『江戸の本屋さん』、日本放送出版協会、一九七七年。

石川淳「江戸人の発想法について」『石川淳全集』第九巻所収、筑摩書房、一九六八年。

今野信雄『江戸の旅』、岩波新書、一九八六年。

片桐一男『阿蘭陀通詞の研究』、吉川弘文館、一九八五年。

片桐一男『江戸のオランダ人』、中公新書、二〇〇〇年。

野口武彦『江戸文学の詩と真実』、中央公論社、一九七一年。

水野稔校注『黄表紙洒落本集』、岩波書店、一九五八年。

山路閑古『古川柳名句選』、筑摩書房、一九六八年。

式亭三馬「浮世風呂」『日本古典文学大系』六十三巻所収、岩波書店、一九五七年。

岩井良衛『江戸の町』、中公新書、一九七六年。

大石慎三郎「大江戸論」『歴史公論』第八十四号、雄山閣、一九八二年。

司馬遼太郎『街道をゆく』三、朝日新聞社、一九七八年。

司馬遼太郎『歴史を動かす力』司馬遼太郎対話選集二、文藝春秋、二〇〇二年。

野崎茂「安藤昌益の『互性論』」『思想』四〇六号、岩波書店、一九五八年。

鈴木正『日本の合理論―狩野亨吉と中井正一』、現代思潮社、一九六一年。

三宅正彦「安藤昌益の史料と儒教思想」『季刊昌益研究』第七号、安藤昌益研究会、一九七六年。

川原衛門『追跡安藤昌益』、図書出版社、一九七九年。

鈴木敏夫『江戸の本屋』上下、中公新書、一九八〇年。

青江舜二郎『狩野亨吉の生涯』、明治書院、一九七四年。

川原衛門『追跡昌益の秘密結社』、農山漁村文化協会、一九八三年。

立川昭二『近世病草紙』、平凡社、一九七九年。

富士川游『日本医学史綱要』一、平凡社、一九七四年。

藤木俊郎『素問医学の世界』、績文堂、一九七六年。

大塚敬節「近世前期の医学」『日本思想大系六十三近世科学思想』下所収、岩波書店、一九七一年。

藪内清他訳「黄帝内経素問」『世界の名著』続1所収、中央公論社、一九七五年。

友吉唯夫「安藤昌益における産科学思想」日本医事新報二四八三号、一九七三年十一月二十七日。

辻哲夫『日本の科学思想』、中央公論社、一九七三年。

山脇悌二郎『近世日本の医薬文化』、平凡社選書、一九九五年。

古島敏雄「日本農学史」第一巻『古島敏雄著作集』第五巻所収、東京大学出版会、一九七五年。

築波常治『日本の農書』、中公新書、一九八七年。

本田済『易』、朝日新聞社、一九六六年。

金子武蔵編『自然』、以文社、一九七九年。

山田慶児『朱子の自然学』、岩波書店、一九七八年。

武内義雄『中国思想史』、岩波書店、一九五七年(改版)。

荒木見悟他校注「女大学」『日本思想大系』三十四巻所収、岩波書店、一九七〇年。

安藤俊雄他校注「最澄」『日本思想大系』四巻所収、岩波書店、一九七四年。

安藤昌益と私

二〇一五年一一月二〇日　初版第一刷発行

著　者　三品一博

発行者　森　信久
発行所　株式会社　松柏社
〒一〇二-〇〇七二　東京都千代田区飯田橋一-六-一
電話　〇三（三二三〇）四八一三（代表）
ファックス　〇三（三二三〇）四八五七
Eメール　info@shohakusha.com
http://www.shohakusha.com

装幀　常松靖史［TUNE］
組版　戸田浩平
印刷・製本　倉敷印刷株式会社
ISBN978-4-7754-0225-2